J.R.R. Tolkien

EDICIONES PALABRA
Madrid

Título original: *J. R. R. Tolkien. Un érudit en Terre du Milieu*

© Sylvie Bages, 2024
© Publicado originalmente en francés por Mame, París, Francia 2024
© Ediciones Palabra, S.A., 2025
Ronda del Caballero de la Mancha, 59, 28034 MADRID (España)
Telf. (34) 91 350 77 20 - (34) 91 350 77 39
www.palabra.es
epalsa@palabra.es
© Traducción: Almudena Ligero

Diseño de cubierta: equipo editorial
ISBN: 978-84-1368-499-4
Depósito Legal: M-21.432-2025
Printed in Spain - Impreso en España

SYLVIE BAGES

J. R. R. Tolkien

Un erudito
en la Tierra Media

astor
NOVA

I
La juventud

Capítulo 1
La araña

«Vivía en una hondonada y había tomado la forma de una araña monstruosa, tejiendo sus negras telas en una hendidura de las montañas»[1].

Bloemfontein[2], 1893

El pequeño Ronald jugaba en el soleado jardín mientras su madre y su niñera dormitaban bajo el porche. De pronto, ambas se despertaron con un sobresalto:

—¡Mamá! ¡Nana! ¡Me ha picado! ¡Me duele!

Las dos mujeres se precipitaron hacia el niño, que lloraba y corría como un loco entre la hierba seca y el bosquecillo de árboles que había plantado su padre. Por fin, la niñera consiguió atraparlo. Cuando la joven vio la ampolla roja y los dos puntos característicos en su piececito, comprendió que a Ronald le había picado una araña. Acostó al niño en su regazo, aspiró el veneno con rapidez y lo escupió.

---

[1] J. R. R. TOLKIEN, *El Silmarillion*, Minotauro, Barcelona 1986, p. 96.

[2] Bloemfontein fue la capital de la república bóer del Estado Libre de Orange entre 1854 y 1902, antes de convertirse en la capital judicial de Sudáfrica en 1910.

—No se preocupe, señora Mabel —informó a su angustiada señora—. La picadura de esta tarántula no es mortal.

Una vez que el niño estuvo acostado y tranquilo, Mabel dio las gracias a la niñera por sus cuidados.

—¡Lo que faltaba! —suspiró—. Ayer encontramos a un mono robando comida en la cocina y unas serpientes escondidas en la leñera. Y ahora esta araña. ¡Por no hablar de este calor asfixiante! —añadió, secándose la frente.

Dos años antes, Mabel Suffield, de veintiún años, había dejado su Inglaterra natal para reunirse en Bloemfontein con su prometido, Arthur Tolkien, al que acababan de nombrar director de sucursal del Banco de África. La pareja se casó el 16 de abril de 1891 en la catedral de Ciudad del Cabo[3]. La casa que les proporcionó el banco era cómoda y espaciosa, y Mabel disponía de criados para cuidar de su hogar, pero no le gustaba vivir allí. El clima, muy caluroso en verano y muy frío en invierno, la irritaba. Y aunque era la capital, Bloemfontein era pequeña, provinciana y estaba rodeada de *veld*[4].

---

[3] Ciudad del Cabo, actual capital parlamentaria de Sudáfrica, es la ciudad más antigua del sur de África, y fue fundada por colonos en 1652. En 1891 era la capital de la Colonia del Cabo.

[4] El *veld* es un paisaje típico de Sudáfrica: una llanura o meseta cubierta de hierba o matorrales bajos, con árboles poco frecuentes y poblada de animales salvajes (gacelas, chacales, leones...).

Además, resultaba difícil entablar amistad con la población local, los bóeres[5], que consideraban a los ingleses *uitlanders,* es decir, extranjeros indeseables. A Mabel, que se empeñaba en tratar a su personal –ya fuera blanco o negro– con respeto y humanidad, no le gustaba la mentalidad de aquellos colonos racistas y esclavistas. Pero como sabía que aquel puesto en Bloemfontein era importante para la carrera de su marido, intentaba no mostrar su decepción.

Por desgracia, su pequeño Ronald –John Ronald Reuel, nacido el 3 de enero de 1892–, un niño rubio de ojos azules y piel pálida («un verdadero duendecillo», como escribió Mabel a su familia de Inglaterra), no se adaptaba bien al clima. El niño sufría y enfermaba con frecuencia. En febrero de 1894, los Tolkien tuvieron un segundo hijo al que llamaron Hilary (Hilary Arthur Reuel). Cuando la madre y el recién nacido estuvieron en condiciones de viajar, se decidió que Mabel y sus hijos pasarían unas largas vacaciones en Inglaterra. Los compromisos profesionales de Arthur no le permitían acompañar a su familia por el momento, pero más tarde se reuniría con ellos.

A principios de abril de 1895, el pequeño Ronald, de tres años, embarcó en un gran barco de vapor, llevando consigo el recuerdo de su padre con su enorme bigote. Para evitar su pérdida, el señor Tolkien había

---

[5] Colonos de origen principalmente holandés, pero también alemán y francés, que se asentaron en Sudáfrica a partir del siglo XVII, antes de la llegada de los ingleses.

escrito su apellido en todos los baúles de viaje. El recuerdo que el niño conservaría de Sudáfrica sería el de un paisaje desértico, un calor sofocante, la imagen de un eucalipto decorado con adornos de Navidad y poco más. Aunque algunos de sus libros están poblados de arañas gigantescas, venenosas y absolutamente terroríficas[6], Tolkien siempre dijo que habría olvidado el incidente de la araña si no se lo hubieran contado.

---

[6] Entre ellas, Ungoliant de *El Silmarillion,* una araña que se traga la luz del mundo y siembra la desolación; la temible Ella-Laraña de *El Señor de los Anillos;* las que viven en la luna en *Roverandom;* o, en *El Hobbit,* las arañas monstruosas que atan a Bilbo y a los enanos en el bosque para devorarlos.

Capítulo 2
Un plato de setas

«Cuando yo era joven en Casa Brandi y venía aquí en busca de hongos, [el viejo Maggot] me pescó varias veces. La última me castigó, me mostró los perros y les dijo: "Miren, muchachos, la próxima vez que este pise mis tierras, pueden comérselo"»[1].

Después de tres semanas de viaje, el barco que llevaba a Ronald, a su madre y a su hermano pequeño llegó al puerto de Southampton[2].

—¡Mabel! –gritó una voz juvenil desde el muelle.

—¡Jane! –respondió ella agitando la mano.

La hermana pequeña de Mabel había acudido al desembarcadero a recibir a la joven familia. Las dos mujeres se abrazaron con cariño. Después, Jane se inclinó a mirar a sus sobrinos.

—Así que estos son los dos angelitos, ¿eh? –preguntó, sonriendo.

—Saludad a vuestra tía Jane –les ordenó su madre.

---

[1] J. R. R. TOLKIEN, *El Señor de los Anillos I. La Comunidad del Anillo,* lib. 1, c. 4, Minotauro, Barcelona 1986, p. 100.
[2] Gran puerto en la costa sur de Inglaterra.

Unas horas y un trayecto en tren más tarde, Mabel y sus hijos fueron recibidos por John y Emily Suffield, los abuelos, que vivían en una acogedora casita en Birmingham. De repente, Ronald se vio inmerso en una gran familia: además del abuelo John y la abuela Emily, estaban la tía Jane, el tío Willy, la tía May y su marido... Pronto conocería también a John y a Mary Jane Tolkien, sus abuelos paternos, y a la tía Gracie, la hermana de Arthur, que vivía no muy lejos de allí.

Sin embargo, unas semanas después de las Navidades de 1895 –cuando los niños vieron por primera vez un verdadero árbol de Navidad–, las vacaciones en Inglaterra llegaron a su fin. El trabajo en primer lugar y después los problemas de salud impidieron a Arthur reunirse con su mujer y sus hijos en Birmingham. Preocupada por las alarmantes noticias de su marido, Mabel decidió que era el momento de volver. Ronald quiso dictarle una carta destinada a su padre:

14 de febrero de 1896

Mi querido papá:

Estoy muy contento de volver a verte. Hace tanto tiempo que nos fuimos de casa sin ti... Espero que el barco nos lleve a todos de vuelta contigo: a mamá, al bebé y a mí [...]. La abuela dice que no nos reconocerás de lo mucho que hemos crecido. Tenemos muchos regalos de Navidad que enseñarte [...]. Hilary te manda muchos besos y mucho amor, y yo también.

Te quiere,

Ronald[3].

Por desgracia, la carta de Ronald nunca llegó a enviarse: un telegrama informó a Mabel de la muerte de su marido, como consecuencia de una hemorragia, el 15 de febrero de 1896.

Volver a Sudáfrica estaba descartado. Aun así, la joven no podía quedarse a vivir con sus padres. Arthur le había dejado una renta vitalicia procedente de las minas de oro de Sudáfrica. Se trataba de una cantidad modesta, pero, con la ayuda de ambas familias, dicha renta le permitiría alimentar a sus hijos. En el verano de 1896, Mabel encontró una casita de alquiler en Sarehole, un pueblecito a las afueras de Birmingham. En aquella época, el pueblo se encontraba en mitad del campo.

Sarehole, 18 de septiembre de 1898

—Mamá, ya hemos acabado los deberes. ¿Podemos ir a jugar fuera?

—Sí, pero volved a la hora del té.

Ronald, de seis años y medio, y su hermano Hilary, de cuatro, salieron corriendo de la casa, cruzaron

---

[3] H. CARPENTER, *J. R. R. Tolkien. Una biografía,* Minotauro, Barcelona 2021.

la calle –por la que solo pasaba algún carro de vez en cuando– y bajaron por la pradera al río Cole. El agua del río alimentaba un molino cuya enorme rueda fascinaba a los niños. Cuando no había agua suficiente, una gran máquina de vapor, ruidosa y maloliente, se encargaba de accionar la rueda.

—¿Vamos a ver al Ogro Blanco? –preguntó Hilary, debatiéndose entre el miedo y los deseos de aventura.

—¿No tienes miedo de que te coma? –preguntó Ronald, sonriendo.

—No, porque estoy contigo.

Los dos se deslizaron bajo la valla del molino y se aventuraron en el patio. Allí, dos hombres descargaban sacos de un carro tirado por dos mulas. ¡Unos sacos llenos de huesos! Porque, efectivamente, el molino trituraba, pero no trigo para hacer harina, sino huesos de animales para hacer abono. Nada había más impresionante para los niños que aquellos sacos de huesos acarreados por dos hombres robustos, uno de ellos con una espesa barba negra y el otro, más joven, cubierto completamente de polvo blanco.

—¡El Ogro Blanco! –murmuró Hilary, asustado.

En ese momento, el molinero más joven se percató de la presencia de los niños.

—¡Os he dicho mil veces que no podéis entrar aquí! –gruñó–. ¡Largaos de una vez, bribones!

Los niños echaron a correr, saltaron la valla y huyeron hacia el estanque que había detrás del molino.

Habían traído un poco de pan para alimentar a los cisnes que, majestuosos, surcaban las aguas.

—¿Sabías que todos los cisnes pertenecen a la reina Victoria[4]? –informó Ronald a su hermano pequeño.

Hilary empezó a mirar a aquellas aves con mayor respeto.

—¿Y si vamos a coger moras para acompañar el té? –propuso su hermano mayor.

Dicho y hecho. Los niños empezaron a llenar de bayas la cesta que habían traído al efecto. Su madre los había iniciado muy pronto en el conocimiento de las plantas silvestres, y la cosecha de bayas era un complemento apreciado en la mesa de aquella familia de medios modestos. Moras, pero también avellanas, manzanas ácidas, berros para las ensaladas, setas para enriquecer las tortillas y también flores silvestres para complacer a su madre... Todo era bienvenido.

—¡Mira! –exclamó Hilary–. ¡En ese prado hay setas!

Los niños franquearon la barrera que los separaba de los magníficos boletus. Estaban llenando la cesta cuando una voz profunda resonó a sus espaldas.

—¡Bastardos! ¿Qué estáis haciendo en mi propiedad? ¿Me estáis robando mis setas?

Los niños abandonaron su cosecha y huyeron con rapidez. Conocían demasiado bien a aquel malhumo-

---

[4] Así es. Desde el siglo XII, la corona de Inglaterra reclama la propiedad de todos los cisnes salvajes del reino. Esta norma sigue vigente en nuestra época.

rado campesino que aterrorizaba a los niños del pueblo. Tenía la mano muy larga cuando conseguía atrapar a los jóvenes ladrones.

—¡Pienso quejarme a vuestra madre! —les gritó mientras desaparecían.

Fueron corriendo todo el trayecto hasta casa, donde cerraron la puerta aliviados.

—¡Aún no es la hora del té! —exclamó Mabel al ver a sus hijos rojos y jadeantes—. No hacía falta que vinierais corriendo.

—¡Ha sido por culpa del Ogro Negro! —resopló Ronald, temblando de emoción.

—¿El Ogro Negro? ¡Os dije que os alejarais de ese hombre malvado! ¡Seguro que viene otra vez a quejarse de vuestro mal comportamiento!

—Lo siento, mamá, pero las setas de su finca tenían tan buen aspecto...

Ronald, al que le encantaban las setas, era incapaz de resistirse a ellas.

Capítulo 3
Una historia de dragones

«Allí yacía un enorme dragón aureorrojizo que dormía profundamente; de las fauces y narices le salía un ronquido, e hilachas de humo, pero los fuegos eran apenas unas brasas llameantes»[1].

—*Malo esse malum malae mali malum bonis malis quam esse bonum bonae mali malum malis*[2] —recitó Ronald con evidente placer.

Mabel, que era una mujer culta, se encargaba de educar a sus hijos. Lo hacía tanto por gusto como por necesidad, porque la escuela era demasiado cara para sus limitados recursos. En Sarehole, después de enseñar a Ronald a leer y escribir —algo que aprendió a hacer a los cuatro años—, empezó a enseñarle francés y latín.

—¡Otra vez, mamá! —rogó el niño—. ¡Suena tan bien!

Ronald prefería el latín al francés: el hecho de que el latín fuera una lengua muerta, cuyo origen se remontaba a tiempos tan antiguos, hacía su aprendizaje aún más atractivo.

---

[1] J. R. R. Tolkien, *El Hobbit*, c. 12, Minotauro, Barcelona 1986, p. 162.

[2] Juego de palabras en latín: «Prefiero comer una manzana mala de un manzano malo con dientes buenos que una manzana buena de un manzano bueno con dientes malos».

—¡*Quousque tandem abutere, Catilina, patientia nostra!*[3] –declamó con cómico entusiasmo dirigiéndose a su hermano, que lo miraba sin entender. Ronald copió ambas frases en su cuaderno. Le gustaba tanto escribir como dibujar. En el margen de la hoja dibujó dos árboles, uno retorcido y el otro con abundante follaje y grandes frutos rojos.

—Mira, mamá. Este es el manzano malo y este es el manzano bueno.

—Muy bien –dijo su madre–, pero ya es hora de irse a dormir.

Los niños no se hicieron de rogar. Estaban deseando escuchar la continuación de la historia que su madre les leía cada noche.

—A ver, ¿por dónde íbamos? –preguntó su madre abriendo un libro grueso de tapas rojas[4].

—El preceptor Regin le había dicho a Sigurd que había un tesoro custodiado por el dragón Fafnir, y que, si Sigurd era valiente, debía matar al dragón para recuperar el tesoro –dijo Hilary.

—Pero para eso hacía falta una espada muy especial –prosiguió Ronald–. De modo que Sigurd recuperó los restos de la espada de su padre, la volvió a forjar y la llamó Gram. Ahí nos quedamos.

---

[3] Cita de un discurso de Cicerón: «¿Hasta cuándo, Catilina, piensas abusar de nuestra paciencia?».

[4] Se trata de *El libro rojo de las hadas,* de Andrew Lang (1890). En él puede encontrarse «La historia de Sigurd» que Mabel lee a los niños.

Sigurd, después de pasar unos días en su casa, cabalgó con Regin hacia la montaña donde solía estar el dragón. Ahí vieron las marcas que este había dejado cuando fue al acantilado a beber; la marca era como si un gran río hubiera pasado por allí dejando un valle profundo.

Entonces Sigurd descendió por el acantilado, cavó varios hoyos y luego se escondió en uno, en el que esperó pacientemente hasta que la tierra comenzó a temblar por el peso del dragón al aproximarse al agua. Una nube de veneno lo precedía mientras exhalaba y rugía, por lo que habría sido muerte segura colocarse frente a él.

Esperó a que el dragón hubiese hundido medio cuerpo en el agua y entonces le clavó la espada en el corazón.

El dragón se retorció y, con la cola, empezó a destrozar piedras y a arrancar árboles a su alrededor. Mientras moría dijo:

—No importa quién eres tú, que me has asesinado, pero este oro será tu ruina y la de todo aquel que lo posea.

—Todos los hombres mueren y ningún hombre valiente deja que la muerte lo asuste y lo aparte de su deseo. Muere, Fafnir —dijo Sigurd, y Fafnir murió.

Después de esto, Sigurd fue conocido como La Ruina de Fafnir y El Asesino de Dragones.

—Ya es hora de dormir —dijo Mabel cerrando el libro—. Mañana por la noche terminaremos la historia.

Los niños, muy obedientes, se metieron bajo las mantas. A Ronald le encantaba la historia de Sigurd y le habría gustado continuarla en su mente, pero el sueño se lo impidió.

Al día siguiente sacó una hoja de papel, le sacó punta al lápiz y empezó a escribir una historia de dragones. Nada más terminarla se la enseñó a su madre.

—Está bien –comentó Mabel–, solo que no se dice «un verde gran dragón», sino «un gran dragón verde».

—¿Por qué? –preguntó el niño.

—Pues porque... –repuso su madre, un poco desconcertada por la pregunta–, porque así son las normas.

—¿Y quién fija las normas?

—Gente muy culta. Gramáticos, escritores, filólogos...

—¿Qué quiere decir «filólogo»?

—Es una palabra que procede del griego *philos,* «amigo», y *logos,* palabra. Los filólogos son personas que aman las palabras. Son los amigos de las palabras.

—¡Como yo, entonces! ¡Yo también soy amigo de las palabras! Algún día me gustaría entender por qué no se dice «un verde gran dragón».

El pequeño Ronald tardó mucho tiempo en escribir otra historia de dragones. Pero, ya mayor, incluyó muchos dragones en sus libros: Smaug en *El Hobbit;* Glaurung, Ancalagon y Scatha, los famosos dragones de la Tierra Media, en *El Silmarillion;* el divertido Crisófilax, adoptado por el granjero Egidio de Ham; sin olvidar los dragones de *Roverandom:* el dragón de la luna que provoca eclipses, el del mar que levanta tempestades...

En cuanto supo leer, el joven Ronald devoró todos los libros que cayeron en sus manos: los *Cuentos* de Andersen, *La princesa y el duende,* de George MacDonald, los cuentos de hadas de Andrew Lang, las historias sobre pieles rojas, que despertaron su gusto por la naturaleza y la aventura, *Alicia en el país de las maravillas,* de Lewis Carroll, *Robinson Crusoe,* de Daniel Defoe... A los once años había leído tantos libros que su madre no sabía qué recomendarle.

Capítulo 4
Mabel

«He sido testigo [...] de los heroicos sufrimientos y la muerte temprana en la extrema pobreza de mi madre, que fue la que me introdujo en la Iglesia»[1].

Sarehole, verano de 1900

—¿Por qué lloran mamá y la tía May? —preguntó Hilary en voz baja.

—Porque han discutido con el abuelo John —respondió Ronald en el mismo tono—. Al abuelo, que es protestante, le molesta que dos de sus hijas se hayan convertido al catolicismo.

—Pero nosotros también somos católicos. ¿Entonces ya no nos quiere?

—Claro que sí. Y, en el fondo, también quiere a la tía May y a mamá. Pero ahora está muy enfadado, y el resto de la familia también.

—¿Quiere eso decir que ya no van a ayudar a mamá?

—Me temo que sí —repuso Ronald con tristeza.

---

[1] J. R. R. TOLKIEN, «Carta 250. A Michael Tolkien», 1 de noviembre de 1961, en *Cartas,* Minotauro, Barcelona 1993.

Afortunadamente, no todos los miembros de la familia reaccionaron de la misma manera a la conversión de Mabel. En otoño de 1900, gracias a un tío que se había comprometido a pagar sus estudios, Ronald ingresó en el King Edward's College, el colegio donde había estudiado su padre, Arthur Tolkien. Se trataba del colegio con mejor reputación de Birmingham. Sin embargo, se encontraba lejos de Sarehole: la familia tuvo que abandonar el tranquilo pueblecito para instalarse en una barriada triste y llena de humo.

Edgbaston, a las afueras de Birmingham, 1902

Aquella tarde, cuando Ronald volvió del colegio, se encontró a su madre y a su hermano Hilary embarcados en una animada conversación con un sacerdote menudo y moreno, que aparentaba unos cuarenta años.

—Este es mi hijo mayor, Ronald —dijo Mabel dirigiéndose al sacerdote—. Ronald, te presento al padre Francis Morgan. El padre pertenece a la comunidad de sacerdotes adscritos al Oratorio Católico de Birmingham, nuestra parroquia, y ha accedido a ser mi confesor.

El padre Francis Morgan tenía un rostro agradable, franco y simpático. Con su carácter alegre y parlanchín, no tardó en conquistar a los dos hermanos. Aquella tarde les explicó que era medio español y que su familia había hecho fortuna en el comercio del jerez, un vino que hacía las delicias de los ingleses. Al sacerdote le conmovía la difícil situación que debía afrontar aquella joven viuda debido a su reciente conversión al catolicismo. Sabía que su decisión la había apartado de su familia, y que estaba educando a sus hijos con grandes sacrificios. En su fuero interno, se había prometido hacer todo lo posible para mejorar la suerte de aquellos pobres feligreses.

Edgbaston, marzo de 1904

—¿Cómo se encuentran nuestros enfermos esta mañana? –preguntó alegremente el padre Francis al entrar en casa de los Tolkien.

Los dos hermanos habían contraído el sarampión a principios de año, y ahora, Hilary sufría una neumonía que le hacía toser sin parar. Nada extraño, pensó el sacerdote, teniendo en cuenta la humedad que reinaba en la casa. Por no hablar del humo de las fábricas vecinas, que envenenaba constantemente la atmósfera del barrio. No obstante, la atención del padre Francis se dirigió a la señora Tolkien, cuyo rostro pálido, hundido y ojeroso le preocupaba cada vez más.

—Deberías relajarte un poco, Mabel. Si tú también caes enferma, no podrás cuidar de tus hijos.

—¡Estoy tan cansada! El médico que trata a Hilary me ha sugerido que vaya al hospital a hacerme unas pruebas. Dice que mi estado de salud le preocupa.

—Deberías hacerle caso.

—Pero si caigo enferma, ¿quién se ocupará de los niños?

—De momento son solo pruebas...

Por desgracia, el diagnóstico no fue favorable. Mabel sufría diabetes, una enfermedad incurable en aquella época[2]. Su extrema debilidad exigía una hospitalización inmediata.

—¿Pero qué va a ser de Ronald y Hilary? –preguntó Mabel al padre Francis.

—Tus hermanas Jane y May lo tienen todo pensado. Tus padres se han comprometido a acoger al pequeño, mientras que Jane y su marido se encargarán del mayor. Tu única preocupación debe ser cuidarte y descansar.

La primera noche en casa de su tía Jane, Ronald soñó con una ola gigantesca que surgía del mar, inundaba los campos y los engullía por completo. Se despertó angustiado, jadeante y cubierto de sudor, como si acabara de salir del agua. No era la primera vez que tenía un sueño semejante. En el colegio, cuando el profesor de griego les habló de Platón y su mito de la Atlántida[3], Ronald se acordó de su pesadilla recurrente. ¿Se debería a la angustia que le causaba la hospitalización de su madre?

A finales de junio, Mabel estaba lo bastante recuperada para salir del hospital.

---

[2] El tratamiento con insulina que habría podido salvar a Mabel no se descubrió hasta 1922.

[3] La Atlántida es una isla mítica que Platón menciona en dos de sus obras. Fue engullida por las olas en un cataclismo causado por el orgullo de sus habitantes. En El Silmarillion, Tolkien se inspiró en este mito para crear la isla de Númenor, engullida debido a las malas acciones de los «numenoreanos».

—¡No pienso consentir que vuelvas a esa casa insalubre de Edgbaston! –decidió el padre Francis Morgan–. Tengo algo mejor que ofrecerte. El Oratorio posee una casa de retiro para sacerdotes en Rednal, al suroeste de Birmingham. Está en el campo, tiene prados, bosques y colinas, y el aire es mucho mejor que en la ciudad. Una dependencia de la casa sirve de alojamiento para el cartero de Rednal, y él alquila una habitación. Su mujer ha aceptado cocinar para ti, así que no tienes que preocuparte por nada. Puedes quedarte allí mientras te recuperas. Y lo mejor de todo...

El sacerdote se interrumpió un momento para observar el efecto de sus palabras.

—Lo mejor de todo es que tus hijos podrán vivir contigo durante las vacaciones. A ellos también les vendrá bien. Últimamente los veo un poco delgados y pálidos...

Rednal, septiembre de 1904

La madre y sus hijos pasaron un verano encantador. Se sentían como en Sarehole: cogían arándanos y fresas silvestres, merendaban en los prados y tomaban el té sobre el heno. El padre Francis regaló una cometa a los niños, y disfrutaba tanto como ellos haciéndola volar por los campos. Bien alimentados por la mujer del cartero, Ronald y Hilary crecían y recuperaban fuerzas. Incluso Mabel había recuperado el color. Sin embargo, se acercaba la vuelta al colegio. ¿Tendrían que regresar a la ciudad?

—No —dijo Ronald—. Mamá, estás mucho mejor en el campo, y nosotros también. Ya tengo edad suficiente para ir andando a la estación y tomar el tren a Birmingham.

No hubo que insistir mucho para convencer a su madre.

Llegó noviembre. A Ronald le resultaba difícil levantarse temprano para enfrentarse al frío, la lluvia o la niebla de camino a la estación. Además, cuando bajaba del tren ya era de noche. Si estaba muy oscuro, Hilary venía a buscarle con una linterna.

Aquella tarde, cuando volvió del colegio, se encontró al padre Francis y a la tía May junto a la cama de su madre. El estado de Mabel había empeorado poco a poco desde que empezó el mal tiempo. Ronald y Hilary no habían querido darse cuenta. Pero ahora su madre se encontraba mal y los adultos parecían nerviosos.

—Padre Francis —dijo Mabel con voz débil—, me gustaría preguntarle una cosa.

El sacerdote se inclinó sobre la enferma.

—Te escucho —respondió.

—Si Dios me llama, temo que, en el seno de mi propia familia, mis hijos se vean obligados a renunciar a la religión católica. Me gustaría confiar su alma y su educación a una persona de confianza. Padre Francis, ¿aceptaría ser su tutor?

El padre Francis permaneció un momento en silencio. Se trataba de una gran responsabilidad, de una inmensa muestra de confianza. No quería comprometerse a la ligera.

—Querida Mabel —respondió al fin—, espero de todo corazón que el Señor te devuelva la salud. Pero si, por desgracia, desea llamarte junto a Él, sería un honor para mí encargarme de la educación de Hilary y Ronald, a los que quiero como si fueran mis hijos.

Los dos niños se lanzaron en sus brazos, llorando.

Unos días después, el 14 de noviembre de 1904, Mabel rindió su alma en brazos de su hermana May, después de recibir la extremaunción de manos del padre Francis. Nada podía consolar a sus hijos después de su muerte. Ronald culpó a algunos miembros de su familia, a los que acusaba de haber precipitado el fallecimiento de su madre debido a su intransigencia. Por convicción, pero también en homenaje a su querida madre y al sacerdote que fue su tutor, Tolkien estuvo toda su vida profundamente apegado a la fe católica.

Capítulo 5
Las lenguas imaginarias

«Dar fys ma vel gom palt
"¿Hoc Pys go iskili far maino woc[1]?"».

Edgbaston, enero de 1905

La tía Beatrice Suffield no era una persona cariñosa. Viuda y sin hijos, acogió a sus sobrinos sin excesivo entusiasmo, aunque no tenía ninguna objeción al catolicismo de los hermanos Tolkien, y poseía una habitación de alquiler al lado del Oratorio. Así que al padre Francis le pareció conveniente confiarle a sus dos pupilos.

Cuando estos se reunieron con él para la misa de aquella mañana, el sacerdote los encontró taciturnos y con los ojos rojos.

—¿Qué os pasa? —les preguntó mientras se ponía la casulla[2].

---

[1] Algunas líneas en nevbosh, la primera lengua inventada con la que Tolkien entró en contacto. Significan: «Había un anciano que decía: "¿Cómo podría llevar mi vaca?"».

[2] Prenda sin mangas que el sacerdote lleva sobre el alba para decir misa.

—¡Esa arpía ha hecho algo horrible! —exclamó Hilary.

—Hilary, ¿se puede saber qué lenguaje es ese? —le reprendió cariñosamente el padre Francis—. ¿No os he dicho mil veces que tengáis paciencia con la tía Beatrice? Debéis ser comprensivos con ella. Su vida no siempre ha sido fácil...

—¡Pero es que esta vez se ha pasado de la raya! —le interrumpió Ronald, furioso—. Se ha atrevido... se ha atrevido a...

La tristeza y la indignación le impidieron continuar.

—¿Qué ha hecho? —preguntó el sacerdote, preocupado.

—¡Ha quemado los papeles y las cartas de mamá!

—¿Pero por qué?

—«En esta casa no hay sitio... Estoy harta de recoger vuestras cosas... ¿Qué queríais que hiciera con ese montón de papeles?» —dijo Ronald, imitando con rabia a su tía—. En ningún momento se le ocurrió preguntarnos si queríamos conservar aquellos recuerdos.

—Hijos, entiendo vuestra tristeza y vuestro enfado, pero nuestro deber como cristianos es perdonar a los que nos ofenden, como también nosotros esperamos que Dios perdone nuestros pecados. Rezaremos por eso en la misa de hoy.

Esta lección se quedó grabada en la memoria de Ronald. Más tarde, y gracias a las enseñanzas del padre Francis, consiguió perdonar a los miembros de su familia que dieron la espalda a su madre en el momento de su conversión.

Después de la misa y de un copioso desayuno con los sacerdotes, los hermanos se dirigieron al King Edward's College, donde solían ir a pie o en coche de caballos. Ronald estaba siempre impaciente por encontrarse con Christopher Wiseman, su mejor amigo. Los dos se hacían llamar los «hermanos gemelos» y formaban parte del equipo de rugby del colegio. También eran los mejores alumnos de su clase.

La enseñanza en el King Edward's College era esencialmente literaria y filológica[3]: latín y griego, francés, alemán, literatura inglesa (Shakespeare, Milton[4], Keats[5]...). Sin embargo, el autor que más atraía a Tolkien era Chaucer[6] y sus *Cuentos de Canterbury,* escritos en inglés medieval. Ronald era un apasionado de las lenguas antiguas y de su evolución a lo largo de los siglos. Cuando descubrió el inglés medieval fue como si un mundo nuevo se abriera ante él: le hizo entender que las lenguas tenían una historia, un origen y un árbol genealógico. Y él deseaba sumergirse en ellas.

---

[3] La filología es el estudio histórico de los textos.

[4] John Milton (1608-1674) fue un poeta y ensayista inglés, famoso por sus poemas épicos, como *El paraíso perdido* y *El paraíso recobrado.*

[5] John Keats (1795-1821) fue un poeta romántico inglés que falleció muy joven y que es conocido ante todo por sus sonetos, sus odas y sus «romances» de inspiración medieval.

[6] Geoffrey Chaucer (c. 1340-c. 1400) se considera uno de los padres de la literatura inglesa. Sus *Cuentos de Canterbury* son, junto con el *Beowulf* (anónimo), *Sir Gawain y el Caballero Verde* (anónimo) y *Pedro el labriego* (de William Langland), las primeras grandes obras de la literatura inglesa.

—Por eso –les explicaba Robert Cary Gilson, profesor y director del colegio–, las palabras *patèr* en griego, *pater* en latín, *father* en inglés, *père* en francés y *vatar* en alto alemán antiguo proceden todas de la misma raíz y de la misma lengua: el indoeuropeo.

—¿Entonces todas las lenguas tienen el mismo origen, el indoeuropeo? –preguntó un alumno.

—No. Hay lenguas que no son de origen indoeuropeo. ¿Podríais citarme algunas?

—El hebreo, el árabe, el chino, las lenguas de los primeros pueblos de América... –contestaron los alumnos al unísono.

—El galés –añadió uno de ellos.

—No –respondió el profesor–. Las lenguas gaélicas, como el irlandés, o las bretonas, como el galés o el bretón en Francia, son dialectos del celta, que también procede del indoeuropeo...

Ronald estaba entusiasmado con aquellas clases de etimología[7] y de lingüística. Durante las vacaciones que pasaba con su hermano en casa de su tía May y de su esposo Walter Incledon en Barnt Green, aprendió el lenguaje imaginario que habían inventado sus primas Mary y Marjorie: el «animálico», en el que las palabras eran reemplazadas por nombres de animales. También contribuyó, junto con Mary, a la invención de un idioma algo más elaborado, el nevbosh[8].

---

[7] La etimología es el estudio del origen y la evolución de las palabras.
[8] Literalmente, «el nuevo disparate» (*N. de la T.*).

Pero su gusto por las lenguas inventadas no se detuvo ahí: inspirándose en los libros en español del padre Francis, Ronald inventó el naffarin, con su propia fonética y su gramática. Más adelante se hizo con un libro de segunda mano titulado *Primer of the Gothic Language,* de Joseph Wright, una introducción a la lengua gótica[9]. Como era una lengua poco conocida de la que solo se conservaban fragmentos, Ronald intentó completarla, inventando palabras tal como habrían podido construirse por evolución natural. A esta tentativa la llamó gaustik. Intentó iniciar en ella a Christopher Wiseman, pero a su amigo le interesaban más las matemáticas.

---

[9] Se refiere a la antigua lengua de los godos. Los godos (ostrogodos y visigodos) eran un pueblo germánico que luchó contra el Imperio romano en la época de las grandes invasiones, entre los siglos III y VI d. C. y llegaron a fundar un reino en España.

Capítulo 6
Edith

«Llevaba un vestido azul como el cielo sin nubes, pero sus ojos eran grises como la noche iluminada de estrellas; estaba el manto bordado con flores de oro, pero sus cabellos eran oscuros como las sombras del crepúsculo»[1].

A principios de 1908, Ronald y Hilary abandonaron la triste habitación que ocupaban en casa de su tía Beatrice. En el mismo barrio de Edgbaston, el padre Francis había encontrado una pensión familiar, en el número 37 de Duchess Road, regentada por la señora Faulkner. Además de los hermanos había otra huésped, Edith Bratt, una joven pianista que amenizaba las veladas de la dueña de la casa. Edith tenía diecinueve años, tres años más que Ronald, pero al ser menuda, bonita y risueña, con los ojos grises y el cabello negro azabache, aparentaba menos. Los tres jóvenes congeniaron enseguida.

—Nunca llegué a conocer a mi padre —les confesó ella—, y mi madre, Frances, murió hace cinco años. Mi

---

[1] J. R. R. Tolkien, *El Silmarillion*, Minotauro, Barcelona 1986, p. 223.

tutor me metió en un internado para jovencitas donde enseñaban música. Siempre me ha gustado tocar el piano, y dicen que tengo talento. Me gustaría dedicarme a ello profesionalmente: ser profesora de música, o mejor aún, concertista. Cuando acabé mis estudios me confiaron a la señora Faulkner, que dice ser una amante de la música. Pero –añadió en voz baja– nuestra casera apenas me deja practicar. Dice que le molesta oírme repetir las escalas. Se contenta con exhibirme en sus conciertos privados...

Edgbaston, otoño de 1909

Bajo un sol radiante, dos jóvenes pedaleaban alegremente por los senderos rurales. Ronald y Edith habían huido de su barrio lleno de humo para pasar el día al aire libre.

—¡Ahí está Rednal! –exclamó Ronald, señalando el pueblo al que se dirigían–. Me gustaría enseñarte el lugar donde pasamos el último verano con nuestra madre.

Después de abandonar sus bicicletas, la pareja se adentró en el bosque. El follaje de los árboles era rojo y dorado, y las hojas secas crujían bajo sus pies.

—En este claro merendábamos y cogíamos flores...

Sensible a la emoción de su compañero, Edith le cogió la mano y se la estrechó. En tan solo unos meses, su amistad se había transformado en complicidad. Después había evolucionado a un tierno sentimiento que ninguno de los dos lograba ocultar. Edith amaba la personalidad de aquel joven serio, reservado y romántico, cuyo «vicio secreto» –como él mismo confesaba– consistía en inventar lenguajes poéticos, como otros componen música. Ronald necesitaba la dulzura, la alegría y la comprensión de Edith. Aquel día era el primero que pasaban juntos.

—Voy a enseñarte la casa donde vivíamos –dijo Ronald, subiéndose a la bicicleta.

La mujer del cartero se encontraba en el jardín. Reconoció a Ronald y, como era la hora del té, les invitó a pasar. Fue un momento encantador.

Días más tarde, después de la misa matinal, el padre Francis le dijo a Ronald que quería hablar a solas con él. Desde por la mañana, Tolkien había notado que su tutor estaba distante y molesto, pero no entendía por qué. No tardó en averiguarlo.

—Me han dicho que hace poco fuiste a Rednal en bicicleta...

—Así es –contestó Ronald–. Quería ver el lugar donde pasamos el último verano con mamá.

—¡Pero no fuiste solo!

Ronald se mordió el labio. Tanto Edith como él habían intentado ser discretos.

—No conviene llevar de paseo a una joven que no es familia tuya –le informó el padre Francis–. Además, me han dicho (tanto la señora Faulkner como otras personas) que tu relación con la señorita Bratt va más allá de la amistad.

Ronald se puso colorado.

—Le aseguro, padre Francis, que siempre me he comportado con ella con la mayor cortesía.

—No lo dudo. ¡Faltaría más! Pero tienes diecisiete años y ella, veinte. Debes continuar con tus estudios. Además, tus profesores me han dicho que últimamente estás distraído en clase. Sabes que solo estudiando conseguirás una beca para ir a la universidad. He hablado de ello con la señora Faulkner, y estoy pensando en cambiarte de pensión.

—Por favor, no será necesario —protestó Ronald con la boca seca.

—Ya está decidido. Te ruego que te prepares para el traslado. Hilary te acompañará.

Era verdad que, aquel año, su alumno estaba distraído: poco después, Ronald suspendió los exámenes necesarios para obtener una beca en la Universidad de Oxford. Y sin esa beca no podía seguir con sus estudios. Sin embargo, Edith Bratt no era la única responsable de su distracción. El joven Tolkien se consagraba más a la creación de lenguas imaginarias que al estudio del latín o de la literatura inglesa (¡todo lo que era posterior a Chaucer le aburría!). También pasaba mucho tiempo jugando al rugby y charlando con sus amigos: su «hermano gemelo» Christopher Wiseman, Robert Quilter Gilson, el hijo del director, y Geoffrey Bache Smith.

El nuevo hogar de los hermanos Tolkien no estaba lejos de la casa de la señora Faulkner, y los enamorados seguían viéndose de vez en cuando. En enero de 1910, en su cumpleaños, que era casi a la vez, tomaron el tren en secreto y pasaron la tarde en el campo. Edith regaló a Ronald una pluma, y él a ella, un reloj. Terminaron el día en un salón de té. Edith le contó que estaba pensando trasladarse a Cheltenham, donde sus tíos, los Jessop, se habían ofrecido a acogerla.

En febrero se vieron a escondidas aquí y allá, hasta que, el 26 de ese mismo mes, Ronald recibió una carta de su tutor. El padre Francis decía que su pupilo había vuelto a ser visto en compañía de la joven, lo cual era inadmisible. Si Ronald no ponía término definitivo a su relación, su tutor le dejaría sin fondos y sería el fin de sus planes universitarios. Ronald quería mucho a su tutor, sabía que se lo debía todo y que el sacerdote había invertido mucho en su educación. Además, no era un joven rebelde. De modo que obedeció.

Obtuvo su autorización para escribir una última carta a su amiga, en la que le explicaba lo sucedido, le decía que no podían volver a verse, le aseguraba su amor y le pedía que esperara tres años: cuando alcanzase la mayoría de edad, los dos serían libres para casarse.

Capítulo 7

El viaje a Suiza

«A medianoche habían llegado a las faldas de las grandes montañas. El estrecho sendero bordeaba ahora una pared de acantilados a la izquierda y, sobre esa pared, los flancos siniestros de Caradhras subían perdiéndose en la oscuridad; a la derecha se abría un abismo de negrura»[1].

King Edward's College, diciembre de 1910

—Creo que Ronald tiene una gran noticia que darnos —dijo Christopher Wiseman a sus compañeros, que estaban reunidos en un pequeño despacho contiguo a la biblioteca.

Tradicionalmente, la biblioteca del colegio era administrada por los alumnos del último curso. Ronald, Christopher, Geoffrey Smith y Rob Gilson se habían ofrecido voluntarios. Cuando estaban solos preparaban té. Lo hacían a escondidas, por supuesto, pues estaba estrictamente prohibido beber té en la biblioteca.

---

[1] J. R. R. TOLKIEN, *El Señor de los Anillos I. La Comunidad Anillo,* lib. 2, c. 3, Minotauro, Barcelona 1986, p. 300.

Llamaban a su pequeño club el T.C. (el *Tea Club* o «Club del Té»).

Con la taza en la mano, los asistentes se reunieron en torno a Tolkien.

—¿Y bien?

—Acabo de aprobar los exámenes de diciembre y he conseguido una beca para el Exeter College. ¡El año que viene estudiaré en Oxford[2]!

—¡Bravo! –exclamaron sus amigos.

Con el entusiasmo, los muchachos derramaron el té. Las hermosas encuadernaciones de los libros que había en el escritorio se mancharon. Por más que intentaron limpiarlos, el mal ya estaba hecho.

—¿Sabéis una cosa, chicos? –propuso Rob Gilson–. Deberíamos celebrar nuestras reuniones en otro sitio donde podamos tomar té sin miedo a que nos castiguen.

—¿Qué os parece el salón de té de los almacenes Barrow, al lado del colegio? –sugirió Geoffrey–. Sirven té, café y chocolate, es cómodo y tiene calefacción.

—Muy bien. Propongo entonces que rebauticemos nuestro club como el T.C.B.S.: *Tea Club and Barrovian Society*[3] –concluyó Ronald.

---

[2] La Universidad de Oxford es una de las más prestigiosas del mundo y la más antigua de Inglaterra. Está formada por varios *colleges,* entre ellos, el de Exeter, alojados en hermosos edificios antiguos de la ciudad de Oxford y sus alrededores.

[3] «Club de Té y Sociedad Barroviana».

Su propuesta fue aprobada por unanimidad.

La cálida amistad de sus compañeros, sus estudios, el rugby (deporte en el que destacaba a pesar de su constitución, más bien endeble) y su apreciada participación en la Sociedad de Debate del colegio (donde intervenía en latín, griego, gótico y anglosajón) hacían que Ronald no tuviera que pensar demasiado en Edith. Pero a veces, cuando estaba solo, confiaba a su diario personal su tristeza y su sensación de abandono.

No obstante, Tolkien había encontrado una nueva pasión lingüística: había descubierto, en su versión inglesa, el *Kalevala,* una antología de mitos fineses compuesta en el siglo XIX por un folclorista que había recopilado los poemas populares de los campesinos finlandeses[4]. El *Kalevala* comenzaba con un relato de la creación, en el que el Cielo, la Tierra, el Sol y la Luna nacían de huevos de pato depositados sobre las rodillas de Ilmatar, diosa del Aire y madre del Agua. El deseo de leer el *Kalevala* en su lengua original impulsó a Ronald a aprender finés.

El último trimestre en el King Edward's College terminó en junio de 1911 con la representación cómica de una obra griega, *La paz,* de Aristófanes[5], cuyo coro cantaba al son de la música de moda, el *music-hall.* En el papel del dios griego Hermes, envuelto en un

---

[4] «Finés» designa a un pueblo y una lengua, mientras que «finlandés» se refiere a un espacio geográfico (Finlandia), donde conviven personas que son finesas y hablan finés con otras que hablan sueco.
[5] Poeta cómico griego del siglo IV a. C.

himatión[6] y calzado con sandalias, Ronald hizo reír al público imitando una danza báquica[7]. Pero cuando se apagaron las luces, se sintió muy triste al tener que decir adiós al colegio donde había pasado tan buenos momentos: «Me siento como un pajarito al que han expulsado del nido», escribió.

Afortunadamente, y para levantarle el ánimo, contaba con la perspectiva de un viaje a Suiza durante las vacaciones de verano. Su tía Jane, ahora viuda, trabajaba para una familia de ricos terratenientes, los Brookes-Smith, que habían contratado a Hilary como granjero (el hermano de Ronald prefería el trabajo del campo a los estudios). Los Brookes-Smith planeaban hacer un viaje a Suiza y propusieron a Jane, Hilary y Ronald que los acompañaran. Con sus propios hijos y otros amigos, embarcaron juntos al continente europeo. Su tren atravesó Bélgica y Alemania hasta llegar a Interlaken, Suiza. Desde allí, recorrieron a pie los estrechos senderos montañosos, comieron al aire libre y durmieron a la intemperie. También vivieron algunas aventuras que podrían haber acabado mal. Por ejemplo, un deslizamiento de tierra hizo caer una enorme piedra a los pies de Ronald, que se encontraba en un estrecho sendero al borde de un precipicio. En otra ocasión, Ronald resbaló en un glaciar y, de no haber estado atado a sus compañeros, se habría caído por una grieta.

---

[6] El himatión es un manto drapeado que llevaban los griegos de la antigüedad.

[7] Danza frenética en honor a Baco, el dios romano del vino.

Durante el viaje, Ronald admiró los paisajes que recorrían y las cumbres nevadas del Jungfrau y el Silberhorn[8], que más tarde servirían de inspiración a los paisajes de sus novelas: la Montaña Solitaria de *El Hobbit,* habitada por el dragón Smaug, o las cumbres de las Montañas Nubladas de *El Señor de los Anillos.* El espléndido valle de Lauterbrunnen sirvió de modelo para Rivendel, la morada de Elrond, el señor de los elfos. El paisaje suizo también le recordaba a los fiordos del norte de Europa, habitados por los dioses y los héroes de las sagas nórdicas que tanto le gustaban. Al final de su estancia, compró una postal que representaba a *Der Berggeist,* el Espíritu de las Montañas, un anciano con barba blanca, sombrero de ala ancha y un largo manto.

---

[8] El Jungfrau (de 4 158 metros de altitud) y el Silberhorn (de 3 689 metros) son dos picos de los Alpes berneses, en Suiza.

Capítulo 8
Oxford

«De la parte inferior de los huevos se formó la tierra, madre de todos los seres; de la parte superior, el cielo sublime; de las partes amarillas, el sol radiante; de las partes blancas, la luna brillante; los restos moteados se convirtieron en las estrellas; los restos negros, en las nubes del aire»[1].

Oxford, otoño de 1911

¡Por fin estaba allí! Guiado por dos estudiantes católicos recomendados por los padres del Oratorio, Tolkien descubrió la ciudad de Oxford y el Exeter College, donde viviría los años siguientes. Con ellos visitó las instalaciones: el edificio principal y el refectorio del siglo XVI, la biblioteca con sus libros de bellas encuadernaciones, la majestuosa capilla, construida entre 1854 y 1860 en estilo neogótico, y el inmenso jardín de césped impecable, lleno de castaños y abedules. Pero, sobre todo, Ronald tuvo el placer de tomar posesión de su propia casa. Era la primera vez que disponía de su propio apartamento, con su salón y su dormitorio.

---

[1] La creación del mundo según el *Kalevala*, de Elias Lönnrot.

—Ya verás qué buen ambiente hay en el Exeter College, Tolkien —dijo uno de los estudiantes—. Aquí no distinguimos entre los becados, los hijos de los aristócratas y los burgueses. ¡Te aseguro que otras universidades son mucho más elitistas!

—Hay muchas formas de hacer amigos —le informó el otro estudiante—, pero la mejor es hacer deporte o apuntarse a un club de debate. Hay muchísimos: el Club de Ensayo, la Sociedad Dialéctica, el grupo de debate Stapeldon... ¿A ti qué te gusta más, los deportes o la oratoria?

—Las dos cosas —contestó Ronald—. Me encanta jugar al rugby y puedo hablar durante horas.

—¡Ah! También conviene inscribirse en el C.E.O., el Cuerpo de Entrenamiento de Oficiales[2].

—El año pasado, cuando estaba en el King Edward's College, me alisté en el Cuerpo. El 22 de junio participé en la delegación escolar que acudió a Londres para homenajear al rey Jorge V antes de su coronación. Fue una experiencia inolvidable.

—Naciste en Sudáfrica, ¿verdad? En ese caso, deberías alistarte en la Caballería del Rey Eduardo[3].

---

[2] Cuerpo de entrenamiento de oficiales creado en 1907 en colegios y universidades para reforzar la preparación de Inglaterra de cara a futuras guerras. En él se enseñaba tiro, maniobras, ejercicios y pases de revista y se hacían competiciones entre colegios. A diferencia de muchos países de Europa, en aquella época no existía el servicio militar obligatorio en Inglaterra.

[3] El Regimiento de Caballería del Rey Eduardo (VII) reclutaba a ciudadanos de origen extranjero residentes en las islas británicas. Como había nacido en Bloemfontein (Sudáfrica), Ronald era considerado ciudadano de origen «extranjero».

A Ronald le entusiasmó la propuesta, porque le gustaban mucho los caballos y sabía montar muy bien. En el verano de 1912 pasó dos semanas en un campamento militar de la Caballería del Rey, durmiendo en tiendas de campaña y montando a caballo por el campo. Por desgracia, durante su estancia hizo un tiempo espantoso: el viento tiró las tiendas de campaña y la lluvia empapó a los desafortunados cadetes. Unos meses más tarde, Ronald presentó su dimisión.

Exeter College, enero de 1912

—¡Profesor Wright! ¡Profesor Wright[4]!

El profesor se giró al oír su nombre y miró con sorpresa al joven delgado y rubio que le llamaba.

—¿Nos conocemos? –preguntó, tratando de hacer memoria.

—Soy John Ronald Reuel Tolkien, profesor, y no, usted no me conoce. Pero yo sí que he leído su libro *Introducción a la lengua gótica,* y me ha encantado.

—Es la primera vez que un lector me dice que le ha encantado mi libro –admitió el profesor, sonriendo.

---

[4] Joseph Wright (1855-1930) fue un filólogo especializado en lenguas germánicas y dialectos del inglés, autor (junto con su esposa, Elizabeth Mary Wright) del *English Dialect Dictionary (Diccionario de dialectos ingleses).* Pero ante todo fue un autodidacta que empezó a trabajar en una fábrica de lana a los seis años y aprendió a leer y escribir por su cuenta a los quince. Aprendió latín, francés y alemán en clases nocturnas, antes de pagarse, a los veintiún años, un trimestre de estudios en la universidad alemana de Heidelberg. Después de estudiar sánscrito, gótico, búlgaro antiguo, lituano, ruso, nórdico antiguo, sajón antiguo, alemán antiguo y medieval e inglés antiguo, se hizo profesor de filología comparada en Oxford.

—Soy uno de sus más fervientes admiradores. Quería saber si podría asistir a sus clases de filología comparada.

—¿Qué está estudiando?

—Literatura clásica.

—¿Y no le basta con el latín y el griego?

—Me encanta la sonoridad del griego, pero el latín y su literatura, que estudio desde niño, me aburren. Me fascinan las lenguas germánicas antiguas: el gótico y el inglés antiguo y medieval. He leído *Beowulf* en anglosajón[5]. Hace poco descubrí una gramática del finés en la biblioteca de la universidad, y tengo pensado leer el *Kalevala* en su idioma original.

—¿Conoce el *Kalevala?* –preguntó Wright, sorprendido.

—De momento, solo en inglés. Pero me fascina el finés.

Divertido por el entusiasmo del estudiante, el profesor le permitió asistir a sus clases, aunque no formaran parte del programa de literatura clásica.

Aquel año, aparte de las clases de Joseph Wright, el estudiante Tolkien no brilló especialmente en sus estu-

---

[5] El anglosajón, o inglés antiguo, era la lengua que hablaban los habitantes de Inglaterra antes de que los normandos de Guillermo el Conquistador invadieran la isla en el siglo II. Los anglos y los sajones, dos pueblos germánicos, se asentaron en Gran Bretaña a partir del siglo VI, integrándose con los indígenas bretones o expulsándolos hacia el oeste (Gales o Armórica, en Francia, que a partir de entonces tomó el nombre de Bretaña). Los conquistadores normandos impusieron el francés a las élites del país hasta la guerra de los Cien Años, en los siglos XIV y XV, que supuso el resurgimiento oficial de la lengua inglesa (gracias a escritores como Geoffrey Chaucer).

dios. El subdirector del Exeter College escribió sobre él en sus notas: «Demasiado perezoso». En realidad, Tolkien solo se mostraba perezoso en las asignaturas que no le interesaban. Sin embargo, era muy activo en el equipo de rugby o en la pista de tenis y, sobre todo, trabajaba mucho en sus lenguas imaginarias, a las que, en aquella época, daba el tono y la estructura del finés[6]. Sin el padre Francis para vigilarle, tampoco era muy asiduo a misa, y prefería dormir hasta tarde después de pasarse la noche fumando y charlando con sus amigos. En efecto, participaba en varios clubes de debate. En una de sus reuniones alabó el *Kalevala,* subrayando la importancia de la mitología contenida en aquellos poemas finlandeses. Lamentaba que Inglaterra hubiera perdido su mitología de origen anglosajón y soñaba secretamente con resucitarla... o inventar una nueva.

---

[6] El quenya, futura lengua de los elfos, la lengua imaginaria más elaborada por parte de Tolkien, le debe mucho al finés, al igual que ciertos episodios, como la historia de Túrin Turambar, de *El Silmarillion,* que se inspira en el personaje de Kullervo (presente en una leyenda del *Kalevala).*

Capítulo 9

Compromiso

«Y así fue como lo volvió a ver por primera vez
Arwen después de la larga separación; y mientras
avanzaba hacia ella bajo los árboles de Caras Galadon
cargados de flores de oro, Arwen hizo su elección y
su destino quedó sellado»[1].

Exeter College, 2 de enero de 1913

—¿Vas a salir con nosotros esta tarde, Tolkien?
Pensábamos ir a la ciudad. ¿Mañana no era tu cumpleaños? Podemos celebrarlo.

—Esta tarde, no. Tengo que hacer algo importante.

—¡Cuánto secretismo! ¿Es que has quedado con
una chica?

Ronald sonrió sin responder a las bromas de sus
compañeros. Tenía algo muy importante que hacer
aquella tarde, algo de lo que dependía toda su vida.

Una vez en su habitación se sentó en su escritorio,
sacó una hoja de papel, cogió la pluma que Edith le
había regalado hacía tres años y se la llevó al corazón,

---

[1] J. R. R. TOLKIEN, *El Señor de los Anillos III. El Retorno del Rey,* Apéndice, Minotauro, Barcelona 1986, p. 1091.

como si fuera un preciado talismán. Después de pensarlo un momento, empezó a escribir:

> Querida Edith:
>
> Dentro de unas horas tendré veintiún años, seré mayor de edad y libre para decidir mi vida. Pero no puedo concebirla sin ti. Mis sentimientos por ti no han cambiado. Te quiero y me gustaría casarme contigo. ¿Me aceptas como esposo?

Esperó ansiosamente la respuesta, pero cuando esta llegó, unos días más tarde, fue como un jarro de agua fría:

> Después de tres años de silencio —venía a decir Edith—, pensé que me habías olvidado. Me he prometido con George Field, el hermano de Molly, mi antigua compañera de clase.

Tras un primer momento de desilusión, Ronald se dijo que solo tenía dos opciones: olvidar a Edith, o luchar para reconquistarla. La primera opción le parecía imposible, sobre todo después de las largas conversaciones, las promesas intercambiadas, la ternura que se habían manifestado y los tres años de esperanza. No le quedaba más remedio que luchar.

Le envió inmediatamente un mensaje para anunciarle su llegada en tren a Cheltenham el 8 de enero de 1913. Cuando el tren entró en la estación, Tolkien se acercó a la ventanilla, buscando con ansiedad un rostro, una silueta familiar entre la multitud. Su corazón latía a mil por hora: ¡Edith había venido! ¡Estaba allí, esperándole en el andén!

Edith y Ronald se reencontraron con una inmensa alegría y supieron que sus sentimientos no habían cambiado. Pero ya no se trataba de un amor de juventud, ahora eran adultos. El matrimonio era un compromiso para toda la vida, y había que aclarar muchas cosas. Así que se fueron, cogidos de la mano, a pasear por el campo.

—¿Quieres a George Field más que a mí? –le preguntó Ronald de pronto–. Si es así, tendré que renunciar a mis planes.

—George es un joven amable y considerado. Lo que siento por él es amistad, pero no amor. Se interesó por mí cuando tú no dabas señales de vida. Es lógico que pensara que me habías olvidado.

—¿Cómo iba a olvidarte? Pero no tengo dinero, solo esperanza en mi carrera universitaria. Si te casas conmigo, me esforzaré en ser profesor y mantener a nuestra familia. Aun así, entiendo que prefieras la seguridad material que puede proporcionarte un hombre más rico.

—El dinero no es lo más importante. Yo tampoco vengo de una familia rica, así que sé hacer economías y ajustarme a un presupuesto. No debes preocuparte por eso.

—Me dijiste que soñabas con hacerte concertista o profesora de piano...

—Desgraciadamente he tenido que renunciar a eso. Sufro frecuentes dolores de espalda, una debilidad patológica que me impide dedicarme a la música de manera profesional. Me conformaré con tocar el piano en casa y consagrarme por completo a mi familia.

—Hay algo más que quería pedirte. Te lo comenté el día que fuimos a Rednal, hace tres años... Por respeto a mi madre, que se sacrificó por su fe, y al sacerdote que me educó, me gustaría que te convirtieras al catolicismo. Hace tres años dijiste que lo pensarías... Me gustaría que la Iglesia bendiga nuestra unión, y eso no es posible si profesamos un culto diferente.

Edith guardó un momento de silencio. Aquel era el punto más difícil de su relación. Se había educado en la religión anglicana y, sin ser una feligresa devota, no deseaba cambiar de fe. Es más, en Cheltenham frecuentaba su iglesia local, donde tocaba el órgano durante los oficios, se sentía a gusto y había hecho amigos. Pero siempre supo lo importante que era para Ronald aquel tema en concreto.

—Podríamos esperar un poco antes de casarnos —se aventuró a decir—. Es mejor que nos casemos cuando hayas terminado tus estudios. Eso me daría un poco de tiempo para pensarlo...

—Sí, pero... me gustaría anunciar nuestro compromiso al padre Francis, y sería más sencillo si ya te hubieras convertido...

Ella sonrió.

—¿Todavía le temes? ¡Ya no eres un niño!

—No le temo —respondió Tolkien, ligeramente ofendido—, pero no quiero decepcionarle. Fue el único que se ocupó de mí y de mi hermano después de la muerte de mi madre.

—Lo pensaré...

—Si de verdad me quieres, conviértete, te lo ruego.

La noche de su reencuentro, Edith ya había tomado una decisión: devolvió su anillo de compromiso a George Field junto con una carta de explicación, y aceptó casarse con Ronald respetando sus condiciones. Por desgracia, y como era de esperar, el tío que alojaba a Edith montó en cólera cuando supo que su sobrina iba a hacerse «papista»[2]. Le dijo que, a partir de entonces, tendría que buscarse otro alojamiento. Obviamente no podía vivir con Tolkien, pues no estaban casados. Y, al ser tan joven, tampoco podía alquilar un apartamento por su cuenta. Jennie Grove, una prima soltera de unos cincuenta años que había vivido con su madre y Edith antes de la muerte de Frances, le propuso instalarse con ella. Eligieron Warwick, una localidad cercana a Birmingham, su ciudad natal, pero más agradable para vivir que la urbe industrial. Warwick contaba con numerosos parques y un hermoso castillo medieval a orillas del río Avon. En junio de 1913, Ronald ayudó a ambas mujeres a encontrar una casa donde instalarse.

Edith recibió lecciones de catecismo del padre Murphy, el sacerdote de la iglesia de Warwick, y el 8

---

[2] Término peyorativo utilizado por los protestantes para referirse a los católicos, que reconocen la autoridad del papa.

de enero de 1914 se hizo católica. Poco después, el padre Murphy bendijo su compromiso, y Ronald pudo anunciar por fin sus planes de matrimonio al padre Francis, que reaccionó muy bien, y revelar la existencia de Edith a sus amigos del T.C.B.S.

Los miembros del T.C.B.S. se dispersaron: desde el otoño de 1911, y mientras Ronald estaba en Oxford, Rob Gilson y Christopher Wiseman estaban estudiando en la Universidad de Cambridge: el primero, letras clásicas, el segundo, matemáticas. Geoffrey Smith, más joven, tuvo que esperar al otoño de 1913 para irse a estudiar historia a Oxford. A Tolkien le encantó reencontrarse con él. Aun así, los cuatro amigos no perdieron el contacto. Se escribían a menudo y, durante las vacaciones, se vieron varias veces en Birmingham, e incluso representaron una obra de teatro y jugaron un partido de rugby juntos. Ronald, muy celoso de su vida privada, nunca había hablado a sus amigos de Edith. Esperó a estar prometido para contárselo. ¿Acaso temía que su amistad se resintiera? Sin embargo, sus amigos le felicitaron sinceramente, confiando en que su compromiso no le hiciese abandonar el club.

Capítulo 10

Eärendel

Eálá Eärendel engla beorhtast
Ofer middangeard monnum sended[1].

Exeter College, junio de 1913

Ronald aguardaba sentado en el pasillo. Le había convocado el profesor Lewis Farnell, director del Exeter College, y estaba nervioso. Algunas de sus notas más recientes habían sido malas, no siempre estaba atento en clase y había participado en algunos altercados en las calles de Oxford pues, para disgusto de los habitantes de la ciudad, la comunidad estudiantil era bastante bulliciosa. ¿Se habría quejado alguien de él al director?

Por fin, la secretaria le pidió que pasara. Tolkien saludó al profesor Farnell y esperó a que este le invitara a sentarse.

---

[1] «Salve, Eärendel, el más radiante de los ángeles, enviado entre los hombres a la Tierra Media»: versos 104-105 del poema *Cristo I*, atribuido a Cynewulf, poeta anglosajón. Este poema se conserva en el *Libro de Exeter* (datado en el siglo X), uno de los cuatro manuscritos más importantes que conservan fragmentos de literatura anglosajona.

—Debe saber, señor Tolkien –comenzó a decir el director con severidad–, que sus exámenes no han sido brillantes. Y eso que, según creo, aspira usted a trabajar en la universidad. Está usted becado, y la continuidad de esa beca depende de sus resultados y de su esfuerzo en los estudios.

Ronald asintió, avergonzado.

—Aun así, ha obtenido un notable gracias a su matrícula en filología comparada. Su profesor, el señor Joseph Wright, me dice que es usted el mejor de sus alumnos y que tiene grandes esperanzas en su persona. Me ha dicho que le interesa el inglés antiguo y medieval y el estudio de las antiguas lenguas germánicas, algo que no es habitual entre sus compañeros. Incluso parece usted especialmente dotado para ello.

Lewis Farnell se detuvo un instante.

—Después de consultarlo con el profesor Wright –prosiguió–, he decidido proponerle que abandone el estudio de la literatura clásica y que, a partir de ahora, se consagre a la literatura inglesa y, más en concreto, a la literatura medieval y a la filología.

Ronald levantó la cabeza y miró al director con los ojos brillantes. No podía haber recibido una oferta mejor. El departamento de lengua y literatura inglesa era de creación reciente en la universidad, pero contaba con profesores eruditos y de prestigio.

—Señor director, le agradezco sinceramente su propuesta, que acepto encantado. Le aseguro que me esforzaré y que quedará satisfecho con mis resultados.

Al final de una clase con el profesor Joseph Wright, Ronald se acercó a agradecerle la propuesta que este había hecho al director.

—Me alegra que haya aceptado, Tolkien —respondió el señor Wright—. Lo he hecho por nuestra universidad, porque estoy seguro de que algún día será nuestro compañero de trabajo, y un compañero brillante. También lo he hecho por mí, porque me dolería perder a mi mejor estudiante. Pero tendrá que recuperar los trimestres perdidos con los griegos y los romanos. Pásese por mi casa el domingo a la hora del té —añadió, entregándole su tarjeta de visita—. Le daré una copia de los apuntes de mi clase y una lista de libros para leer.

Tolkien se convirtió en un invitado habitual en la casa de los Wright. El profesor se había casado con una de sus antiguas alumnas, Elizabeth Mary Lea, que compartía su erudición y su interés por los textos antiguos. Las tardes en su compañía eran muy estimulantes desde el punto de vista intelectual. El matrimonio, por su parte, estaba feliz de haber encontrado a un estudiante tan entusiasta y apasionado como ellos.

—Acabo de terminar el *Cristo* de Cynewulf —comentó Ronald—. Es un poema magnífico, y hay dos versos que me han gustado especialmente: *Eálá Eärendel engla beorhtast / Ofer middangeard monnum sended* —citó de memoria.

—«Salve, Eärendel, el más radiante de los ángeles, enviado entre los hombres a la Tierra Media» –tradujo de inmediato el señor Wright–. Eärendel es sin duda la estrella matutina, el planeta Venus, aunque la leyenda lo transforma en un ángel.

—Prefiero la leyenda a las explicaciones eruditas –dijo Ronald, sonriendo–. Estas palabras evocan algo hermoso, lejano y extraño.

—¿Qué te pareció el libro que te presté sobre las Eddas[2] islandesas en nórdico antiguo[3]?

—¡Me encantó! Mi pasaje preferido es el *Völuspá*[4], en el que una vidente explica al dios Odín la historia y el destino del mundo, de los dioses y de los hombres desde los orígenes hasta el Ragnarök[5]. «Skeggöld, skálmöld, skildir ro klofnir, vindöld, vargöld, áðr veröld steypisk» («tiempo de hachas, tiempo de espadas, tiempo de escudos quebrados, tiempo de tempestades, tiempo de lobos, antes de que el mundo se derrumbe»[6]). ¡El lenguaje y las imágenes son magníficos!

---

[2] Manuscritos del siglo XIII que recopilan poemas sobre la mitología de los pueblos nórdicos.

[3] El nórdico antiguo, que se habló entre los siglos VIII y XI, fue la lengua de los antiguos noruegos e islandeses. Fueron los noruegos quienes poblaron Islandia en la época de los vikingos.

[4] El *Völuspá*, o *Profecía de la vidente*, es el poema más famoso de la *Edda poética*, una recopilación de poemas anónimos sobre la mitología nórdica compuestos entre los siglos IX y XIII.

[5] El fin del mundo según la mitología nórdica.

[6] Estrofa 45 del *Völuspá*, relativa al Ragnarök.

—Estos poemas pertenecen al final de la época pagana, cuando el cristianismo ocupó el lugar de los dioses antiguos: Thor, Odín, Loki o la diosa Freya —explicó el señor Wright—. No se sabe si reflejan la visión de los antiguos noruegos, o si los clérigos que copiaron los poemas se vieron influidos por el Apocalipsis de san Juan[7].

—Me encantan los mitos antiguos. Hablan de un pasado lejano que me parece fascinante.

—¿Sabes galés?

—Muy poco. Durante un tiempo viví cerca de una estación en las afueras de Birmingham. Algunos trenes tenían nombres que me parecían extraños y muy hermosos: Nantyglo, Penrhiwceiber, Senghenydd... Mi madre me explicó que eran topónimos galeses. Más tarde, saqué de la biblioteca del colegio un diccionario de galés, pero era demasiado joven para entender nada...

—Pues es imprescindible que aprendas galés, amigo mío.

En la primavera de 1914, después de ganar un premio de literatura inglesa, Tolkien utilizó la suma conseguida para comprar libros en galés medieval, así como algunas obras de William Morris[8]: su traduc-

---

[7] En la Biblia, último libro del Nuevo Testamento, escrito hacia finales del siglo I, que describe el fin del mundo.

[8] William Morris (1834-1896) fue un novelista, poeta, pintor, dibujante, diseñador textil y arquitecto británico. Perteneció al movimiento prerrafaelita inglés, que reivindicaba una Edad Media idealizada. Realizó un gran tapiz mural para el Exeter College, donde estudió. Tolkien le apreciaba mucho.

ción al inglés de la *Saga Völsunga*[9], un poema *(Vida y muerte de Jasón)*, y una novela histórica, *House of Wolfings (La estirpe de los lobos)*, que cuenta la historia de una familia germánica que defiende su libertad frente a los invasores romanos. A Ronald, que no leía muchas novelas modernas, le cautivó el estilo arcaizante, la atmósfera de leyenda y la descripción de los paisajes de la novela de Morris.

Ronald pertenecía a varias sociedades en el seno de la universidad, entre ellas, la Stapeldon Society: en junio de 1914, esta sociedad fue la encargada de preparar el 600 aniversario del Exeter College. El Club Anglo-alemán de la universidad —al que pertenecían el director, Lewis Farnell, y el profesor Joseph Wright— invitó al embajador alemán, el príncipe Lichnowsky. El aniversario estuvo marcado por numerosos actos sociales: cenas oficiales, bailes, fiestas al aire libre...

El 28 de junio de 1914, en Sarajevo, el archiduque Francisco Fernando, heredero del Imperio austrohúngaro, fue asesinado por un nacionalista serbio. Debido al juego de alianzas, todas las naciones europeas entraron en conflicto: Austria y Alemania contra Serbia, Rusia y Francia. Cuando el ejército alemán invadió Bélgica, que era un país neutral, Inglaterra

---

[9] La *Saga Völsunga* es una saga de origen islandés que cuenta la historia del clan Volsung a lo largo de varias generaciones. Es una historia de aventuras, amor y tragedia que se remonta al siglo XIII, pero cuyas fuentes proceden de textos más antiguos, como las *Eddas*.

declaró la guerra a Alemania. Era el 4 de agosto de 1914.

Para la generación de Tolkien, aquello supuso el fin de una época marcada por la despreocupación.

II
LA GUERRA

Capítulo 1
El Consejo de Londres

«Eärendel se elevó por la senda de las sombras en el borde del silencioso Océano [...]; empujó su barca como una chispa de plata desde las últimas arenas solitarias»[1].

Al final del curso, en julio de 1914, Ronald fue a pasar unos días a Warwick con Edith antes de partir a Cornualles con un sacerdote del Oratorio. Dio largos paseos por aquellos paisajes bañados por el océano, dibujó olas y acantilados y esbozó ideas para poemas.

El océano de Cornualles y sus lecturas del anglosajón inspiraron a Tolkien un poema, *El viaje de Eärendel,* la historia de un marinero que se convierte en estrella.

Más tarde fue a pasar el resto de las vacaciones en casa de su tía Jane, en Phoenix Farm, donde se reencontró con su hermano.

---

[1] J. R. R. TOLKIEN, *El libro de los cuentos perdidos II,* Minotauro, Barcelona 2024.

—¿Qué piensas hacer? –le preguntó su tía–. ¿Vas a alistarte como Hilary?

Como en aquella época el servicio militar no era obligatorio en Inglaterra, el ejército profesional no disponía de soldados suficientes para luchar contra Alemania. Por ese motivo, el secretario de Estado para la Guerra, lord Kitchener, había organizado una gran campaña de prensa para convencer a los jóvenes de alistarse. Pretendía reclutar al menos quinientos mil hombres, en lo que se conoció como «el ejército de Kitchener». En nombre del patriotismo, se ejercía una fuerte presión sobre los solteros sin hijos. Si no se alistaban, se los tachaba de cobardes. El *Birmingham Daily Post* escribía el 28 de agosto de 1914: «El patriotismo exige que los solteros se pongan a disposición del ejército sin dudas ni miramientos». Las propias familias presionaban a sus miembros más jóvenes. Hilary y Ronald ya no tenían padres, pero sus tíos y sus tías se encargaron de presionarles. Hilary ya se había alistado como corneta en el batallón de Birmingham.

—Tengo que terminar mis estudios y obtener mi título si algún día quiero trabajar como profesor –respondió Tolkien a su tía–. Además, pronto voy a casarme. Tengo que ser capaz de mantener a mi familia. Aun así –se apresuró a añadir–, además de estudiar seguiré los entrenamientos del C.E.O., el cuerpo de oficiales, en Oxford.

Oxford había cambiado mucho cuando Ronald regresó allí en octubre de 1914. La mayoría de los estudiantes, los profesores más jóvenes y gran parte del personal de servicio se habían alistado en el ejército. Los edificios de la universidad se habían transformado en guarniciones y acogían a soldados heridos o convalecientes y a refugiados del continente. Se podían ver reclutas entrenando en el césped de los parques y las mujeres empezaron a sustituir a los hombres en muchos oficios. El Exeter College se había quedado vacío. Solo quedaban setenta y cinco de sus dos mil estudiantes habituales. Por la tarde, los venerables edificios estaban tristes y sombríos. Tolkien prefirió abandonar su alojamiento universitario y alquilar una habitación en la ciudad.

Aunque, al igual que Ronald, Christopher Wiseman deseaba terminar sus estudios, sus amigos Rob Gilson y G. B. Smith ya se habían alistado en el ejército. Geoffrey Smith, por el contrario, estaba haciendo su entrenamiento militar en el propio Oxford, por lo que Ronald podía verle con asiduidad.

El 12 de diciembre de 1914, los cuatro amigos del T.C.B.S. se reunieron en Londres, en casa de la familia de Christopher, donde pasaron el fin de semana charlando. Llamaron a aquella reunión «el Consejo de Londres». Se trataba de un momento decisivo en su vida: suponía el final de una juventud despreocupada y de sus estudios, el comienzo de la vida adulta y su próxima partida al frente. Preferían no hablar mucho de la guerra, sino de sus proyectos de futuro y sus ambiciones. Cada uno tenía una pasión: Wiseman amaba la música y las matemáticas; Rob Gilson dibujaba y estaba fascinado con los pintores del Renacimiento; Smith era poeta; y Tolkien era un amante de las lenguas antiguas, las leyendas y las sagas. Deseaban crear un movimiento artístico que revolucionara el mundo e hiciera de él un lugar mejor. Creían que, juntos, su influencia intelectual sería «cuatro veces mayor», como decía uno de ellos. Compartían sus convicciones más profundas, hablaban de arte, de religión, del amor a la humanidad, del deber patriótico, del nacionalismo... «Nunca he vivido momentos tan felices», escribió Rob a Ronald poco después. Para Tolkien, aquel fin de semana fue una revelación, un punto de inflexión en su existencia creativa: decidió que a partir de entonces sería poeta.

De hecho, el primer semestre de 1915 fue para él un momento de intensa creación poética. Leyó al Club de Ensayo del Exeter College y a sus amigos *The sea song of an elder day* (que retomaba *El viaje de Eärendel*), *El hombre de la Luna descendió con premura*, una pieza cómica en verso basada en una absurda canción infantil, *Tú y yo y la Cabaña del Juego Perdido*, escrita para Edith, y *Pies de trasgo*, que era un cuento tradicional con duendes y pequeñas y simpáticas hadas, como en las comedias de Shakespeare o en los cuadros de los pintores prerrafaelitas. Al mismo tiempo, empezó a inventar un lenguaje, el quenya, inspirado en el finés, cuyo léxico anotó en un cuaderno. Se trataba de un ejercicio estético en el que, a veces, el sonido coincidía con el significado *(vassi-vaswë:* susurro de alas; *miqë:* beso; *kalon-galan:* tañido de grandes campanas; *kilinkelë:* tintineo de campanillas...).

Sin embargo, Tolkien no se limitaba a componer poemas o inventar lenguas: ¡tenía que estudiar para los exámenes! La mayoría de las asignaturas le gustaban: filología gótica y germánica, islandés antiguo, lengua y literatura en inglés antiguo y medieval... Pero había otras que le aburrían profundamente, en concreto, los monográficos sobre Shakespeare y otros autores «modernos». Pasó las vacaciones de Semana Santa en Warwick, en casa de Edith, estudiando los textos del programa.

G. B. Smith acababa de ser destinado al 19° Batallón de Fusileros de Lancashire. Invitó a Ronald a que se alistara con él, sobre todo porque su batallón se entrenaba en Gales y a su amigo le encantaba oír hablar galés.

Los exámenes finales empezaron el 10 de junio de 1915. Solo se presentaron ocho chicos y diecisiete chicas. El viernes, 2 de julio, se anunciaron los resultados. Ronald había conseguido una matrícula de honor: un magnífico remate a sus años de estudios universitarios.

Sin embargo, la guerra continuaba en el continente. El 28 de junio de 1915, Ronald presentó su candidatura como oficial en la oficina de reclutamiento de Oxford, recogió sus pertenencias en el apartamento donde se alojaba y se despidió de la ciudad universitaria. A principios de julio supo que Christopher Wiseman se había alistado en la Marina: la Royal Navy buscaba matemáticos para instruir a los oficiales. Tolkien recibió también una carta de la Oficina de Guerra, en la que le comunicaban que había sido nombrado subteniente del 13º Batallón de Fusileros de Lancashire. A Smith le decepcionó que su amigo no estuviera en el mismo batallón que él. Le envió una lista con todo lo necesario para ir a la guerra: una cama de lona, una almohada, un saco de dormir, un espejo para afeitarse, una tienda de campaña, dos o tres pares de botas, un reloj, un cinturón, una cantimplora, unos prismáticos, una brújula... Todo debía caber en un petate de lona.

Capítulo 2
El desembarco

«Para mí, tu orilla prohibida parecerá
siempre un reflejo de roca blanca más allá de
un mar que se desmorona, y tú te coronarás
de majestad bajo una bruma de lágrimas»[1].

Paso del Canal de la Mancha, 6 de junio de 1916

Apoyado en la barandilla del barco, Ronald miraba con tristeza cómo se alejaban los acantilados de las costas de Inglaterra. Se acordaba de su despedida de Edith, que había tenido lugar dos días antes.

Su joven esposa no había podido contener las lágrimas, y él mismo tuvo que apretar los dientes con fuerza para no llorar. Las noticias que llegaban de Francia, los numerosos heridos en los hospitales ingleses, los testimonios de los refugiados y las cartas de sus amigos, que habían partido al frente antes que él, no le tranquilizaban en absoluto. La guerra que se desarrollaba

---

[1] J. R. R. TOLKIEN, «La isla solitaria», poema publicado en J. GARTH, *Tolkien y la Gran Guerra. El origen de la Tierra Media*, Minotauro, Barcelona 2014. Poema de Tolkien escrito en honor a Inglaterra poco después de atravesar el canal de la Mancha. [Versión de la traductora de este libro].

en el continente, en palabras del papa Benedicto XV, era una «horrible carnicería que deshonraba a Europa, el suicidio de la civilización europea»[2], y no la aventura gloriosa que la prensa manipulada había intentado vender a los civiles. A principios de 1916, unos cinco millones de hombres habían fallecido en el conflicto.

Sin preocuparse de los soldados que se agolpaban a su alrededor en cubierta, y salpicado por aquel mar que tanto amaba, pero que, en ese momento, le parecía tan sombrío y hostil, Ronald se acordó de sus meses de formación militar.

En julio de 1915 había comenzado su formación de oficial en Bedford. Ronald aprendió a dirigir un pelotón y siguió cursos de arte militar. En agosto fue destinado a Staffordshire, donde su batallón había sido trasladado de un campamento incómodo a otro aún peor. Allí tuvo que cavar trincheras y aprender a manejar fusiles y ametralladoras. Entre maniobra y maniobra, los *biffins*[3] mataban el aburrimiento jugando al bridge, escuchando discos de jazz o haciendo bromas de mal gusto. Siempre que tenía un momento, Ronald escribía a Edith, componía poemas o trabajaba en el quenya, su «lenguaje de cuento de hadas».

En noviembre de 1915, Geoffrey Smith partió a Francia, y después, en enero de 1916, le tocó el turno a Rob Gilson. En sus cartas hablaban de las trinche-

---

[2] Discurso del papa Benedicto XV, 28 de julio de 1915.
[3] Coloquialmente «soldados», en concreto soldados de infantería que van a pie.

ras, al menos hasta donde les dejaba la censura militar, aunque preferían hablar de arte y literatura. Tolkien les enviaba sus poemas, y ellos le animaban a publicarlos. A principios de 1916, Ronald se especializó en el servicio de transmisiones. Para aquel estudiante de filología y lenguas antiguas, aprender el código morse[4] no era difícil, como tampoco lo era el cifrado de mensajes, las señales por medio de banderines y carteles o los heliógrafos[5]. Tolkien aprendió a montar líneas para los teléfonos de campaña, a utilizar la radio de galena[6] y a alimentar y adiestrar palomas mensajeras.

Pero el acontecimiento más importante de aquel año fue su boda: el 22 de marzo, Edith y él se unieron en matrimonio en la iglesia de Warwick. Los casó el padre Murphy y no el padre Francis, pues Ronald, por escrúpulos, había tardado demasiado en comunicarle la noticia. Aun así, este último envió sus mejores deseos a los recién casados. No fue una boda grandiosa: estaban en guerra, los novios tenían pocos parientes y, además, no eran ricos. Pero era importante que se ca-

---

[4] Inventado en 1838 para el telégrafo, el alfabeto morse es un código que permite transmitir texto con ayuda de una serie de impulsos cortos y largos, producidos por señales, una luz o un sonido. Por ejemplo, «S.O.S.» se escribe «... --- ...», o se toca con tres golpes rápidos, tres largos y tres rápidos. El código morse lo utilizan principalmente los militares como medio de transmisión, normalmente cifrado.

[5] Un heliógrafo es un dispositivo de comunicación inalámbrica cuya señal (generalmente en código morse) consiste en destellos de luz solar reflejados en un espejo. Los heliógrafos formaron parte del equipo habitual del ejército británico hasta los años 60.

[6] Radio de galena o receptor de cristal: se trata de los primeros transmisores y receptores de radio, inventados a finales del siglo XIX.

saran antes de que Tolkien partiese al frente: si moría en combate, Edith dispondría al menos de una pensión de viudedad.

Los recién casados se fueron una semana de luna de miel a Clevedon, Somerset. Poco después, Edith y su prima Jennie se trasladaron de Warwick a Great Haywood, cerca del campo donde entrenaba Ronald. Por desgracia, unas semanas después Tolkien tuvo que partir a Francia. Los esposos pasaron el último permiso de Ronald en un hotel de Birmingham. ¡Qué dura fue la separación! Ambos sabían que, en Francia, los oficiales morían a millares. ¿Volvería Edith a ver a su esposo?

En la cubierta del barco, al lado de Ronald, dos soldados recordaban la batalla que acababa de enfrentar a la flota británica y alemana en el mar del Norte, frente a Jutlandia[7].

—Dicen que los alemanes hundieron catorce navíos británicos. Muchos marinos murieron —explicó uno de ellos—. ¡Pero esos cabezas cuadradas también se llevaron lo suyo! Más de diez barcos alemanes descansan ahora en el fondo del mar.

Ronald los escuchaba con preocupación: sabía que su amigo Christopher Wiseman estaba a bordo de uno de los numerosos navíos que surcaban aquellas aguas. Rezó con todas sus fuerzas para que Christopher estuviera sano y salvo.

---

[7] Península de Dinamarca.

Calais, 6 de junio de 1916

Por la tarde, el barco que llevaba a las tropas atracó en el puerto de Calais. ¡Qué decepción y angustia sintió Tolkien cuando, en la cola de desembarco, no encontró su petate! Todo el equipo que había comprado siguiendo los consejos de Geoffrey Smith, y que guardaba en un gran saco de lona, había desaparecido.

—¡Espero que alguien pueda aprovecharlo! –dijo el oficial al que Tolkien se quejó.

A Ronald le horrorizó la idea de que sus camaradas de infortunio, sus futuros hermanos de armas, fueran capaces de robar a otros soldados. ¿Qué serían capaces de hacer semejantes individuos en el frente?

—Antes de que te trasladen, asegúrate de conseguir todo lo necesario –le ordenó el oficial–. Seguro que encuentras un lugar donde comprar botas, un saco de dormir y un cepillo de dientes.

Desde Calais, los recién llegados se dirigieron a Étaples, donde se encontraba el campamento base del ejército británico. Se trataba de un enorme conjunto de almacenes, tiendas y barracones rodeados de torres de vigilancia y alambradas de espino, donde había soldados ingleses, galeses, irlandeses y escoceses, pero también australianos, neozelandeses, canadienses, indios y sudafricanos[8]. Al día siguiente, Ronald fue des-

---

[8] Todos estos soldados procedían de países que entonces formaban parte de la Common Wealth, el Imperio británico, cuyo soberano era el rey de Inglaterra.

tinado al 11° Batallón de Fusileros de Lancashire. Era evidente que no tenía ninguna posibilidad de entrar en la misma compañía que Smith. Aquella noche escribió una carta a Edith para tranquilizarla y contarle su llegada. Habían acordado servirse de un código secreto en sus cartas para eludir la censura militar, que prohibía a los soldados mencionar dónde se encontraban. Así, durante el tiempo que Ronald estuvo en Francia, Edith pudo seguir los movimientos de su marido en un mapa.

Después de tres semanas de tedio y entrenamiento en Étaples, Tolkien fue invitado a unirse a su batallón, destinado al noreste de Amiens. El 27 de junio, después de rezar en la catedral de aquella ciudad, llegó a pie, bajo una lluvia torrencial, a la localidad de Rubempré, donde estaba su regimiento.

Desde hacía algún tiempo, en el seno de las tropas británicas corría el rumor de que se preparaba una ofensiva importante y definitiva contra los alemanes...

Capítulo 3
La batalla del Somme

«Porque allí los hombres danzan
alrededor del fuego rojo mientras canta una voz...
Y la noche los envuelve»[1].

Municipio de Warloy-Baillon, 1 de julio de 1916

El 11° Batallón de Fusileros de Lancashire estaba apostado allí, a diez kilómetros del frente. Desde el 24 de junio, el bombardeo de las líneas enemigas por parte de los cañones aliados no conocía tregua. Por la noche, mientras los soldados, reunidos alrededor de una hoguera, cantaban al son de una guitarra para darse valor, unas luces apocalípticas iluminaban las tinieblas, acompañadas de un estruendo sordo, como una tormenta monstruosa e incesante. Tolkien había logrado por fin conciliar el sueño cuando, a las seis de la mañana, se despertó con un sobresalto. Los disparos de los obuses se habían intensificado a una velocidad extrema (¡tres mil quinientos por minuto!). Tom, el

---

[1] J. R. R. TOLKIEN, *El libro de los cuentos perdidos I*, Minotauro, Barcelona 2002.

79

ordenanza de Ronald[2], entró en su tienda con una taza de té y un poco de pan.

—¡Por fin hemos entrado en batalla! –exclamó–. ¿Vamos a avanzar hacia el frente?

—Todavía no –respondió Tolkien–. De momento, nuestro batallón permanecerá en retaguardia.

Aunque debía mostrar la reserva que imponía su diferencia de rango, a Ronald le agradaba aquel muchacho pelirrojo que le servía de ordenanza. Su hablar campechano le recordaba al de sus amigos de Sarehole, los hijos de los campesinos de las Midlands. Disfrutaba más en su compañía que en la de los oficiales. Algunos de estos últimos, como él, no tenían experiencia en combate, mientras que otros eran veteranos de la guerra de los Bóeres[3] en Sudáfrica, o de los ejércitos coloniales de la India[4]. Todos ellos eran arrogantes y despectivos, y consideraban a su joven colega «un estúpido universitario».

---

[2] En el ejército, un ordenanza es un militar, un soldado al servicio de un oficial. Suelen ser personas ingeniosas, capaces de proporcionar al oficial todo lo que necesita. Tolkien, que sentía mucha simpatía y estima por los ordenanzas, se inspiró en ellos para crear el personaje de Sam Gamyi, criado y amigo de Frodo en *El Señor de los Anillos*.

[3] A finales del siglo XIX se produjeron dos conflictos en Sudáfrica entre los británicos y los habitantes de las dos repúblicas bóeres independientes: la primera guerra, del 16 de diciembre de 1880 al 23 de marzo de 1881; y la segunda, del 11 de octubre de 1899 al 31 de mayo de 1902. Mabel, la madre de Tolkien, y sus hijos regresaron a Inglaterra en 1895, por lo que afortunadamente no conocieron estas guerras.

[4] India estuvo ocupada por el Imperio británico desde principios del XIX hasta 1947.

A las 7:28 se produjo una explosión de una potencia sin precedentes.

—¡Madre mía! –exclamó Tom, que se había lanzado cuerpo a tierra–. ¡Esta han tenido que oírla hasta en Inglaterra!

Ronald no respondió. En el horizonte, en la dirección de donde procedía la explosión, le pareció que se elevaba una especie de aparición demoniaca, un espectro de tamaño desproporcionado.

A diez kilómetros del lugar donde se encontraba Tolkien, los zapadores británicos habían excavado túneles bajo las trincheras alemanas y los habían llenado con treinta toneladas de explosivo. La gigantesca explosión que siguió lanzó por los aires, a más de mil trescientos metros de altitud, toneladas de fuego, rocas, polvo, árboles y escombros de las trincheras[5].

A menos de doscientos metros de la explosión, Robert Gilson, al frente de su pelotón de Cambridgeshire, esperaba la orden de atacar.

—Entre el bombardeo de nuestros cañones y la explosión provocada por los zapadores, hemos hecho picadillo a los alemanes –anunció el capitán a sus oficiales–. Ya no hay nada que temer. Ordenad a vuestros soldados que retiren los cuerpos.

---

[5] Aún hoy, en el departamento del Somme, el agujero de la mina de La Boisselle, llamado también «la Gran Mina», testimonia la violencia de la explosión, que creó un cráter de 100 metros de diámetro y 30 metros de profundidad. El cráter está situado en la comuna de Ovillers-la-Boisselle, a seiscientos metros al sureste de La Boisselle.

Al silbido del teniente y al son de las gaitas esco-
cesas, los soldados británicos, armados con bayonetas,
saltaron de las trincheras y se abrieron paso a través del
alambre de espino. Pero no todos los alemanes estaban «hechos picadillo»: por desgracia, muchos soldados fueron recibidos con tiros de fusiles, granadas y el
ruido de las ametralladoras.

—¡Avanzad, avanzad! –gritaba Gilson para hacerse
oír por encima del estruendo–. ¡En orden y sin correr!
En ese mismo momento se oyó un silbido y un
obús se abatió sobre el desafortunado Gilson y los
hombres que le rodeaban.

Las trincheras alemanas estaban excavadas a un ni-
vel mucho más profundo y eran mucho más sólidas
de lo que el mando británico pensaba. Su armamento
pesado aún estaba operativo. Al anochecer de aquella
catastrófica ofensiva, el balance para los ingleses fue
de veinte mil muertos y treinta y cinco mil heridos,
sin obtener ningún resultado: el frente no consiguió
avanzar ni un milímetro.

Bouzincourt, 6 de julio de 1916

Durante tres días, el 11° Batallón de Fusileros
de Lancashire permaneció acampado en este pequeño pueblo del Somme, a cinco kilómetros del frente.
Aquella mañana, parte del batallón se unió al frente,
pero no Tolkien: fue su superior jerárquico, el oficial
responsable de las transmisiones, quien acompañó a los
soldados. Ronald se quedó mirando a los que salían

de las trincheras: eran las tropas del 19° Batallón de Fusileros de Lancashire, entre los cuales había muchos heridos que avanzaban a pie o en camilla. De pronto reconoció una silueta.

—¡Geoffrey Smith! –exclamó.

El hombre se dio la vuelta. Estaba sucio, despeinado, cubierto de barro y ceniza, con aspecto agotado y aturdido. ¡Pero era él, y estaba vivo! Los dos amigos se abrazaron.

—¡No sabes cuánto me alegro de verte! –exclamó Smith.

—¡Yo también! –respondió Ronald–. Hacía tiempo que no sabía nada de ti ni de Gilson, y estaba preocupado. ¿Cómo te encuentras? ¿Estás herido?

—¡Ni un rasguño! Mi pelotón entró en combate el 3 de julio, pero no en primera línea. Los compañeros que partieron antes fueron masacrados por los alemanes, pero nosotros recibimos la orden de esperar nuestro turno. Pero no fue posible, porque las trincheras estaban llenas de muertos y heridos. Al final, mi pelotón tuvo que batirse en retirada. Por desgracia, solo la mitad de mi batallón regresó con vida la mañana del 4 de julio. Acababan de relevarnos. ¿Cuándo acabará esta carnicería? –añadió Smith con tristeza.

—¡Sígueme! –le propuso Ronald–. Seguro que tienes hambre y sed. Tom, mi ordenanza, nos preparará algo de comer.

Mientras almorzaban, Geoffrey les contó su última batalla, así como las anteriores.

—¡Pero mejor hablemos de literatura! –exclamó al fin–. ¿Sabes que siempre llevo conmigo, como si fuera un talismán, tu poema *Kortirion entre los árboles*[6]? Mientras poetas como tú sean capaces de escribir algo tan hermoso, la humanidad no está del todo perdida. ¿Conseguiste publicar tus obras antes de partir al frente?

—Mi poema *Pies de trasgo* se publicó en la revista *Oxford Poetry 1915* –respondió Tolkien–. Sin embargo, Sidgwick & Jackson rechazó *Las trompetas de Faëry*.

—¡Esos editores son unos estúpidos! –exclamó Smith con vehemencia.

Esa noche hablaron hasta tarde, y fue como si la guerra se hubiera trasladado lejos, muy lejos de allí. Incluso llegaron a olvidar el ruido esporádico de la artillería.

Los dos amigos permanecieron juntos hasta el 8 de julio.

---

[6] Este poema, cuya primera versión fue compuesta en 1915, evoca la ciudad de Kortirion, antepasado legendario de Warwick, la ciudad donde vivió Edith entre 1913 y 1916, en la isla de Tol Eressëa, imagen mítica de Inglaterra. Tolkien retocó varias veces este poema, que figura en *El libro de los cuentos perdidos,* publicado por Christopher Tolkien en 1983-1984: Eriol, un marinero, llega a la isla de Tol Eressëa y se encuentra con unos gnomos, que le cuentan la historia de la Tierra Media.

Capítulo 4

La Ciénaga de los Muertos

«Yacen en todos los pantanos, rostros pálidos, en lo más profundo de las aguas tenebrosas. Yo los vi: caras horrendas y malignas, y caras nobles y tristes. Una multitud de rostros altivos y hermosos, con algas en los cabellos de plata. Pero todos inmundos, todos putrefactos, todos muertos. En ellos brilla una luz tétrica»[1].

Albert, Somme, 14 de julio de 1916

—Mire, teniente. ¡La Virgen dorada! –exclamó Tom, señalando la basílica mutilada que se alzaba en medio de la ciudad.

Siguiendo el gesto de su ordenanza, Ronald vio una estatua dorada de la Virgen con el niño Jesús, inclinada de manera horizontal sobre lo alto del campanario, y sujeta por unos refuerzos metálicos. El año anterior, la basílica había sido alcanzada por un obús.

---

[1] J. R. R. TOLKIEN, *El Señor de los Anillos II. Las Dos Torres*, lib. 4, c. 2, Minotauro, Barcelona 1986, p. 651. Frodo, Sam y Gollum atraviesan la Ciénaga de los Muertos. En el fondo del agua aparecen los cuerpos de las víctimas de antiguas guerras.

—Los soldados dicen que, cuando caiga la estatua de la Virgen, se acabará la guerra[2] –señaló Tom.

—Los soldados dicen muchas cosas –dijo Tolkien, sonriendo–. ¿Conoces alguna historia parecida?

Tom miró a su oficial con desconfianza.

—Son solo rumores. Simples leyendas... ¿Se está burlando de mí o qué?

—En absoluto, me encantan las leyendas. Cuéntame.

—Pues bien, parece ser que en Mons, a finales de agosto de 1914, durante la retirada de nuestras tropas, san Jorge[3] se apareció bajo la forma de un guerrero medieval, vestido con una armadura blanca y capitaneando unas formas luminosas que parecían arqueros. Dicha aparición hizo retroceder a los alemanes y protegió a nuestros camaradas. ¡Hasta los periódicos hablaron de ello![4]. Los franceses cuentan que Juana de Arco y el arcángel san Miguel también se aparecieron en los combates. Y un enfermero que curaba a los heridos en el campo de batalla vio a un hombre vestido de blanco que se acercaba a él para ayudarle. Cuando le miró las manos, vio que el hombre tenía los es-

---

[2] Los soldados enviaron a su familia la postal de esta basílica destruida con la «Virgen inclinada», lo que contribuyó a su fama mundial. En abril de 1918, durante la última ofensiva alemana, la basílica fue destruida por los obuses y la estatua de la Virgen dorada se estrelló contra el suelo. La guerra acabó ese año. La basílica fue reconstruida de manera idéntica entre 1927 y 1931, con una réplica de la «Virgen dorada».

[3] San Jorge, al que se representa como un caballero que mata a un dragón, es el patrón de Inglaterra.

[4] Por ejemplo, el periódico *Excelsior* del 27 de agosto de 1915.

tigmas. En ese momento, el desconocido desapareció como por arte de magia...

Al escuchar las historias de Tom, Tolkien sintió que viajaba en el tiempo, que se trasladaba a una época remota en la que otras guerras y otros héroes inspiraron unos relatos míticos destinados a perdurar durante siglos.

Alrededores de La Boisselle, 14 de julio de 1916

Bajo la luz de la luna, con los obuses y las bengalas dibujando líneas en el cielo, los soldados del 11° Batallón de Fusileros de Lancashire avanzaron por un paisaje apocalíptico plagado de cráteres de obuses, zanjas cenagosas, tocones de árboles ennegrecidos y alambre de espino. Ronald y sus camaradas atravesaron el pueblo de La Boisselle, recientemente reconquistado por los alemanes. Aunque todas las casas habían sido demolidas, los obuses seguían abatiéndose de lejos sobre las ruinas. Al salir del pueblo, los hombres de Lancashire penetraron en las trincheras abandonadas por los alemanes. Al ver el trabajo realizado por sus adversarios, comprendieron por qué los esfuerzos de su artillería habían sido en vano: aquellas trincheras eran un monumento de ingeniería en comparación con las suyas. Excavadas a más de cinco metros de profundidad, bien apuntaladas con hormigón y con el suelo protegido del barro por tablones, las trincheras parecían incluso cómodas y mostraban pocos signos de destrucción, a pesar de los bombardeos que habían sufrido. Sin embargo, la tierra de nadie[5] que se extendía a su alrededor era horrible. Los cadáveres de los soldados que habían muerto en combate y no habían podido ser evacuados yacían allí en posturas grotescas, boca abajo o mirando al cielo, hinchados, retorcidos y putrefactos. Algunos se aferraban a la alambrada de espino; otros estaban semienterrados en el barro. De la fosa común surgía un hedor abominable y un zumbido incesante de moscas. Aquellas imágenes espantosas se grabaron para siempre en la memoria de Tolkien[6].

A medianoche, la colina de Ovillers, controlada por los alemanes y objetivo de la ofensiva británica, ardió bajo los obuses, las bengalas y las granadas. El asalto había sido protagonizado por la 7ª Brigada. Hasta las dos de la mañana, el 11º Batallón de Fusileros de Lancashire y el ejército irlandés permanecieron a la espera antes de ser enviados como refuerzo. Los soldados se lanzaron al ataque, bajo el silbido de las balas y con las bayonetas caladas, en medio de los alambres de espino. Tolkien, por su parte, se quedó en la trinchera, donde se encargó de transmitir las órdenes. La suya no era una labor fácil. Su teléfono de campaña estaba conectado con el cuartel general mediante unos cables telefónicos tendidos en la superficie, que los obuses podían rom-

---

[5] La «tierra de nadie» es un lugar situado entre dos fronteras o líneas del frente. Durante la Primera Guerra Mundial, la tierra de nadie era la zona situada más allá de la alambrada de espino, entre las dos trincheras opuestas.

[6] Dichas imágenes inspirarían más tarde algunos pasajes de *El Señor de los Anillos,* concretamente, el paso de la Ciénaga de los Muertos.

per en cualquier momento. El transmisor de código morse no era fiable, ya que las señales corrían el riesgo de ser interceptadas por el enemigo. Además, era imposible servirse de una lámpara sin ser descubierto por el fuego enemigo. Muchas veces solo quedaban las estafetas[7] para transmitir los mensajes del frente a la retaguardia y viceversa, pero los hombres eran reacios a correr bajo las balas. Ronald tenía que arreglárselas como podía: la realidad en tiempos de guerra distaba mucho de la teoría que le habían enseñado durante su entrenamiento en suelo inglés.

No obstante, la resistencia alemana era demasiado fuerte, y los batallones británico e irlandés tuvieron que replegarse en La Boisselle.

El asalto, encarnizado y sangriento, se retomó el 16 de julio. A última hora de la tarde, el batallón de Tolkien, ayudado por otras compañías, lanzó una lluvia de granadas sobre el reducto enemigo. Antes del atardecer, la guarnición alemana de Ovillers, compuesta por dos oficiales y ciento veinticuatro soldados, se rindió. Los británicos recuperaron ametralladoras y material militar.

De regreso a Bouzincourt, el 17 de julio, Tolkien encontró una carta de Geoffrey con fecha del 15 de julio. Su amigo le informaba de la muerte de Rob y le comunicaba su tristeza. Muy afectado por la noticia,

---

[7] Una estafeta es un soldado encargado de transmitir mensajes entre diferentes campamentos o líneas de frente.

Ronald le respondió que, aunque echaba mucho de menos a sus otros dos amigos, ya no se sentía miembro de un cuerpo completo y que, en su opinión, la muerte de Rob significaba el fin del T.C.B.S.

Capítulo 5

Los monstruos

«Ciega de cólera, la gran bestia se precipitó con un ruido de trueno a través del agua y la espesura. Las flechas rebotaban y se quebraban contra el cuero triple de los flancos. Los hombres de ambos bandos huían despavoridos, pero la bestia alcanzaba a muchos y los aplastaba contra el suelo»[1].

Trinchera de Hesse, sábado, 21 de octubre de 1916

Hacía un frío intenso en el fondo de la trinchera, pero lo bueno era que el barro se había congelado. Los centinelas intentaban mantenerse en calor paseándose a lo largo del refugio. Los demás soldados trataban de dormir un poco, acurrucados unos contra otros, intentando darse ánimos y calor humano. Refugiados en la trinchera, Tolkien, el capellán y otro oficial se habían beneficiado de unos catres abandonados por los anteriores ocupantes, pero los catres estaban infestados de

---

[1] J. R. R. TOLKIEN, *El Señor de los Anillos II. Las Dos Torres,* lib. 4, c. 4, Minotauro, Barcelona 1986, p. 687. Sam presencia el ataque de un Mûmak, un olifante de guerra (una especie de elefante gigante) que ha enloquecido.

piojos y estos no tardaron en devorarlos. El médico les dio un ungüento destinado a ahuyentar a aquellos viles insectos, pero este se reveló ineficaz.

A finales de julio, Ronald ascendió a teniente en funciones y responsable de las transmisiones del batallón. Entre agosto y octubre, combatió seis veces en el frente. A los periodos de combate les seguían momentos de descanso y entrenamiento en la retaguardia. Durante uno de ellos, el 22 de agosto, tuvo la oportunidad de volver a ver a Geoffrey. A lo largo de los últimos meses, a fuerza de asaltos sangrientos y a costa de grandes pérdidas, los británicos consiguieron arrebatar a los alemanes la colina de Ovillers, el bosque de Thiepval, el saliente de Leipzig, el fortín de Zollern y la trinchera de Hesse. La trinchera Regina, situada a cien metros de allí, era el objetivo del siguiente asalto.

Ocupando cinco kilómetros de trincheras, la Brigada de Fusileros de Lancashire, compuesta por ocho batallones, esperaba órdenes. Justo después del mediodía, la artillería entró en acción: los cañones y los morteros empezaron a disparar a las líneas enemigas. Poco más tarde, dos oleadas sucesivas de combatientes salieron de las trincheras y se precipitaron en tierra de nadie. La tercera oleada comprendía a los soldados bajo el mando de Tolkien y estaba acompañada de ametralladoras y morteros. El capellán y los camilleros seguían a los soldados.

Tolkien se quedó en la trinchera con su material de transmisión. Oía las explosiones de los obuses, los gritos de los combatientes, el ruido de las ametralladoras y los disparos de los fusiles. De pronto, unos hombres vestidos con el uniforme alemán saltaron a la trinchera. Pero no tardaron en levantar las manos en el aire, desarmados y aturdidos, debido a la presión de los soldados británicos. A las 12:20 horas, Tolkien anunció al cuartel general la llegada de los primeros prisioneros.

Mientras esperaba a que los cautivos fueran evacuados a una prisión en la retaguardia, dio de beber a un oficial herido e intercambió con él algunas palabras en alemán.

El teniente Tolkien supo más tarde que el soldado a quien había confiado la cesta de palomas mensajeras había sido alcanzado por un disparo. Aun así, la cesta fue inmediatamente recuperada por otro soldado que, desde la trinchera Regina, consiguió enviar un mensaje de victoria al cuartel general.

Aquel día, los fusileros de Lancashire cautivaron a más de setecientos prisioneros. Los alemanes que no se habían rendido yacían muertos en el fondo de la trinchera.

Pero hubo que esperar a la noche siguiente, el domingo 22 de octubre, para que los batallones fueran relevados de su puesto de combate. Mientras Tolkien y sus camaradas marchaban en dirección a Ovillers, escucharon un terrible rugido y sintieron que el suelo temblaba bajo sus pies. Entonces, de la noche surgieron varios monstruos de acero con ojos de llama, coronados por un humo acre, que iban aplastando todo a su paso. Los caballos que trasladaban a los oficiales huyeron despavoridos. Ni los hombres ni los animales habían visto jamás un tanque[2].

Beauval, 25 de octubre de 1916

Después de aquella victoria, el 11° Batallón de Fusileros de Lancashire se trasladó, a pie y en autobús, a Beauval[3], donde toda la división iba a ser inspeccionada y felicitada por el general Gough y el mariscal Douglas Haig, comandante en jefe de la fuerza expedicionaria británica en Francia. Desde el día anterior, Ronald se sentía débil y tenía fiebre. Alojado en casa de un lugareño, valoró especialmente poder dormir, por primera vez en mucho tiempo, en una cama de verdad y bajo un techo.

—¿Quiere que informe a sus superiores de que se encuentra indispuesto? –preguntó Tom.

—¡Ni pensarlo! –respondió Tolkien, tajante–. Debo participar en el pase de revista de hoy. Es demasiado importante.

---

[2] Los primeros tanques o carros de combate fueron utilizados por el ejército británico el 15 de septiembre de 1916 durante la batalla del Somme. Lentos (6 km/h) y pesados (30 toneladas), servían sobre todo para derribar las alambradas de espino y franquear las trincheras, facilitando el paso de la infantería. Los primeros alemanes que se enfrentaron a estos vehículos se rindieron, aterrorizados. La creciente motorización del ejército durante la Primera Guerra Mundial (aviones, lanzallamas, tanques...) inspiró a Tolkien varios monstruos de *El Silmarillion* y *El Señor de los Anillos*.

[3] Beauval es una comuna del departamento del Somme, a veinticuatro kilómetros al norte de Amiens.

Tom ayudó al oficial a ponerse su uniforme de gala y a calzarse sus botas relucientes. El soldado notó que a su superior le temblaban las piernas.

—¿Está seguro de que se encuentra bien? –le preguntó, preocupado.

Tolkien se levantó e hizo un esfuerzo para sonreír.

—Sí, estaré bien –dijo–. Seguramente es solo un resfriado. Ya se me pasará.

Pero estaba muy pálido.

El pase de revista fue una tortura para él. Tenía que apretar los dientes para que no le castañearan. En el momento que pudo escabullirse se fue a la cama. Al día siguiente intentó sobreponerse, pero su estado no mejoraba. Tom insistió en que consultara a un médico militar.

Beauval, viernes, 27 de octubre de 1916

«Otro vago que quiere librarse de la guerra», pensó el médico al ver entrar al teniente en la sala de consulta.

—¿Qué le ocurre, teniente? –preguntó, dirigiéndose a Tolkien.

—Me duele la cabeza, tengo fiebre, me duelen las piernas y la espalda y me cuesta mantenerme en pie.

—Veamos –respondió secamente el médico sacando un termómetro.

Pero el aparato no dejaba lugar a dudas: el paciente tenía treinta y nueve grados de fiebre. Además, estaba muy pálido y le temblaba todo el cuerpo. En este caso no se trataba de un farsante.

—¿Cuánto tiempo lleva así?

—Cuatro días. Pensé que era una indisposición pasajera y que se me pasaría.

—Amigo mío, siento comunicarle que padece la fiebre de las trincheras[4]. ¡Y no es el único! Se trata de una verdadera epidemia. Y no, no se le va a pasar así como así. Necesita descanso y cuidados apropiados. Me temo que, para usted, la guerra ha terminado.

Al día siguiente, Tolkien fue trasladado en ambulancia al hospital militar de Gézaincourt y, más tarde, el domingo 29 de octubre, al de Le Touquet.

Finalmente, el 8 de noviembre, regresó a Inglaterra a bordo del buque-hospital Asturias.

[4] La fiebre de las trincheras es una enfermedad contagiosa que transmiten los piojos del cuerpo. Los médicos militares la documentaron en 1915 entre los soldados de la Primera Guerra Mundial, sometidos a las malas condiciones higiénicas de las trincheras. Durante la Gran Guerra, la fiebre de las trincheras afectó al menos a un millón de combatientes. Esta enfermedad rara vez era mortal, pero solía ser incapacitante y de larga duración.

Capítulo 6

Las Casas de Curación

«Eran residencias hermosas y apacibles, destinadas al cuidado de los enfermos graves, aunque ahora acogían también a los heridos en la batalla y a los moribundos [...]. Allí moraban las pocas mujeres a quienes, porque eran hábiles en las artes de curar o de ayudar a los curadores, se les había permitido quedarse en Minas Tirith»[1].

Hospital universitario de Birmingham, 9 de noviembre de 1916

El hospital al que trasladaron a Tolkien se abrió al principio de la guerra en el seno de la Universidad de Edgbaston, a las afueras de Birmingham. Se trataba de un barrio que Ronald conocía bien. Edith había sido avisada por telegrama y se encontraba junto a él. Aliviada al ver a su marido de vuelta y con vida, pero inquieta al encontrarlo tan pálido y delgado, Edith le

---

[1] J. R. R. TOLKIEN, *El Señor de los Anillos III. El Retorno del Rey,* lib. 5, c. 7, Minotauro, Barcelona 1986, p. 900. Las Casas de Curación son los hospitales de la ciudad de Minas Tirith.

contaba, para animarle, mil cosas sin importancia que él no podía escuchar porque deliraba.

—Buenos días, señora Tolkien —dijo una joven enfermera—. Conozco bien a su marido. Soy Molly Gilson, la hermana de su amigo Robert Gilson.

—Lamento la pérdida de su hermano —respondió Edith—. Ronald me lo contó todo. El fallecimiento de Rob le afectó profundamente.

La enfermera se inclinó sobre el enfermo y le tocó la frente con aire preocupado.

—¡Todavía tiene mucha fiebre! —murmuró.

—¿Qué piensa el médico del estado de mi esposo? —preguntó Edith.

—El mayor Gamgee[2] es optimista. Esta enfermedad suele prolongarse, y el paciente puede sufrir algunas recaídas, pero el pronóstico es bueno. Lo más importante es que descanse. ¡Ha tenido que vivir un infierno!

—Mi único consuelo es que, mientras esté enfermo, no podrán enviarlo al frente.

El 2 de diciembre de 1916, un tribunal médico constató que la temperatura del enfermo había vuelto a la normalidad, pero que sufría migrañas y dolores articulares y presentaba una debilidad general. Ronald pudo abandonar el hospital para proseguir su recupe-

---

[2] El cirujano militar Leonard Gamgee era familia del inventor del «vendaje Gamgee», un revolucionario apósito quirúrgico creado en 1880 en Birmingham. Tolkien confesó que el vendaje Gamgee le inspiró el nombre de Sam Gamyi en *El Señor de los Anillos*.

ración en Great Haywood junto a su esposa. Fue allí donde escribió *El puente gris de Tavrobel,* un hermoso poema dedicado a Edith.

Souastre, cerca de Bouzincourt, 29 de noviembre de 1916

Mientras tanto, la guerra continuaba en Francia, tan terrible como siempre, aunque el 19° Batallón de Fusileros de Lancashire, al que pertenecía G. B. Smith, estaba acampado tras la línea del frente y llevaba semanas sin perder a un solo hombre. Geoffrey había escrito a Ronald que se alegraba de que estuviera a salvo en Inglaterra, y que pronto gozaría de un permiso para visitarlo en Great Haywood. Pero que, por el momento, estaba supervisando las obras de una carretera y preparando un campo para el partido de fútbol que pensaba organizar esa tarde. Mientras caminaba por la carretera, el silbido de un obús resonó sobre su cabeza, y un proyectil explotó a escasa distancia. Smith recibió dos impactos de metralla en el brazo y en la cadera, pero logró trasladarse a pie al puesto de socorro. Mientras las enfermeras le vendaban, escribió a su madre para decirle que estaba herido sin gravedad, y que pronto se encontraría bien. Por desgracia, sus heridas se infectaron y, a pesar de la rápida intervención de los cirujanos, murió de gangrena[3] el 3 de diciembre

---

[3] La gangrena gaseosa era frecuente entre los soldados que habían sufrido una herida de guerra profunda e infectada por bacterias. La gangrena se trataba mediante la amputación, y muchas veces causaba la muerte del paciente.

de 1916. Acababa de escribir *El entierro de Sófocles,* un poema que celebraba el final de una vida larga y satisfactoria:

Sí, siete veces feliz
aquel que no franquea el umbral silencioso
antes de que llegue su hora,
sino aquel a quien la parca afectuosamente reclama.
Porque, para los pies cansados,
es ahí donde se encuentra el reposo
cuando el viaje ha terminado.

Tolkien se quedó profundamente afectado cuando recibió la carta de Christopher en la que le anunciaba la muerte de su amigo.

Harrogate, mediados de abril de 1917

En cuanto Christopher Wiseman obtuvo un permiso, fue a visitar a los Tolkien. Ronald y él estaban muy contentos de volver a verse.

—Ahora mismo somos los únicos que quedan del T.C.B.S. —dijo Wiseman con tristeza.

Los dos hablaron largo rato sobre sus amigos perdidos.

—He recibido una carta de la señora Ruth Smith, la madre de Geoffrey, agradeciéndome mis condolencias —dijo Tolkien—. Pocas mujeres han sufrido tanto como ella. Ya era viuda, y ahora la guerra se ha llevado a sus dos hijos: Geoffrey en Somme, y Roger, el pequeño, en Oriente Próximo. Me preguntó si podía mandarle los poemas que me envió su hijo. Le gustaría publicar sus obras.

—Es una idea estupenda —convino Christopher—. Deberíamos ayudarle en su propósito buscando un editor y preparando los textos para la imprenta.

El proyecto se concretó en el verano de 1918 con la publicación de *Una cosecha primaveral,* una colección póstuma de poemas de G. B. Smith con prólogo de Tolkien.

—Pero hablemos un poco de ti —propuso Wiseman—. ¿Cómo va tu salud?

—Bueno, tengo altibajos... Todavía sufro ataques de fiebre y dolores en las articulaciones. He pasado por varios tribunales médicos. El último me envió aquí, a Harrogate, un hospital para convalecientes. He salido tres semanas de permiso para estar con mi querida Edith. Después me destinarán al 3er Batallón de Fusileros de Lancashire en Thirtle Bridge, cerca de la ciudad de Hull, en el Humber[4].

—Sí —suspiró Edith, resignada—, tendremos que cambiar de casa otra vez.

Para estar lo más cerca posible de Ronald, la joven, acompañada de su prima Jennie, se iba trasladando en función del destino de su marido.

—Espero que sigas escribiendo —dijo Christopher.

---

[4] El Humber es un gran estuario marítimo en la costa este del norte de Inglaterra. Se encuentra en la desembocadura de los ríos Ouse y Trent. El Humber fue el escenario de una accidentada historia que se remonta a la época anglosajona.

—Sí. He tenido bastante tiempo libre en el hospital y durante mi convalecencia. Pero no me he dedicado a escribir poemas, sino relatos en prosa. La guerra me inspiró *La caída de Gondolin:* en ella, los gnomos[5] son reducidos a la esclavitud y hechos prisioneros por el malvado Melko y sus orcos. Los gnomos libres se refugian en una fortaleza llamada Gondolin. Tuor, un humano, es el encargado de advertir a Turgon, el rey de Gondolin, del peligro que le acecha, pero este último no presta atención a sus advertencias, confiado como está en la solidez de su fortaleza. Sin embargo, el gnomo Maeglin, capturado por el enemigo, revela los puntos débiles de Gondolin, y los monstruos de Melko se lanzan al ataque de la ciudad. Tuor, que está casado con Idril, una gnoma, participa en la defensa de la ciudad. Cuando Gondolin es derrotada, es él quien conduce a los refugiados que huyen hacia el mar. De Tuor e Idril nacerá Eärendel, mi famoso marino celeste.

—¡Vaya! —exclamó Wiseman, impresionado—. ¡Has creado toda una mitología!

—Y eso no es todo —respondió Tolkien, entusiasmado—. Los gnomos tienen una lengua, el quenya, inspirada en el finés, y ahora estoy creando otra, el goldogrin[6], que imita los sonidos del galés. Además,

---

[5] Los «gnomos» se convertirían más tarde en los elfos del *legendarium* de Tolkien. Melko, el Espíritu del Mal, se convertirá en Melkor o Morgoth.

[6] El goldogrin se convertirá en la lengua sindarin que hablan los elfos grises en *El Silmarillion.*

tengo pensado incluir esta historia y otras que tengo en mente en una colección que se titulará *El libro de los cuentos perdidos*. Un marinero llamado Eriol desembarca en la isla de Tol Eressëa, la Isla Solitaria, y conoce a unos gnomos que le cuentan la historia de su tierra y su pueblo desde la creación del mundo. Este encuentro transcurre en la Cabaña del Juego Perdido, que será también el título del primer cuento.

Capítulo 7

Los centinelas

«Más fuerte será la voluntad, más valiente el corazón, mayor el espíritu cuanto más menguada nuestra fuerza»[1].

En 1917, la situación de Inglaterra era especialmente difícil. Su aliada Rusia estaba sumida en los disturbios que pronto darían lugar a la revolución bolchevique, y se preparaba para firmar una paz por separado con Alemania. Liberado de la presión en el frente oriental, el ejército alemán intensificaba sus esfuerzos en el oeste, mientras que los motines se multiplicaban en el ejército francés. En el canal de la Mancha y en el mar del Norte, los U-Boote[2] libraban una guerra sin cuartel desafiando las leyes marítimas. Torpedean todos los barcos que tenían a su alcance, independientemente de su nacionalidad o su naturaleza: buques

---

[1] J. R. R. TOLKIEN, «El regreso de Beorhtnoth, hijo de Beorhthelm», en *La batalla de Maldom junto con El regreso de Beorhtnoth,* Minotauro, Barcelona 2023, p. 6. En agosto de 991, durante el reinado de Aethelred II, una batalla enfrentó a los anglosajones contra el ejército vikingo en Maldom, Essex. En el texto, uno de los combatientes anglosajones pronuncia estas palabras antes de morir en la batalla. El poema en inglés antiguo fue traducido por Tolkien.

[2] U-Boot es la abreviatura de Unterseeboot, que significa «submarino» en alemán. U-Boote es el plural de U-Boot en alemán.

de guerra, navíos mercantes e incluso buques-hospital como el Asturias, que fue hundido sin previo aviso el 20 de marzo de 1917. En el aire, los zepelines[3] bombardeaban las costas inglesas y los aviones llevaban a cabo incursiones de ataque u observación.

Campamento de Thirtle Bridge, cerca de Roos, abril de 1917

En la península de Holderness, que cubría el estuario del Humber, el 3er Batallón de Fusileros de Lancashire, donde Tolkien acababa de ser destinado, vigilaba la costa noreste de Inglaterra. El litoral del mar del Norte estaba lleno de puestos de vigilancia, estaciones de señalización y baterías de artillería.

Aquella noche, mientras lideraba una patrulla por el camino costero que sobresalía peligrosamente sobre los acantilados —a treinta metros por encima del mar—, Tolkien recitó en voz baja las palabras que una vez pronunció un anciano guerrero que combatió en aquella costa esculpida por las tormentas:

—*Hige sceal þē heardra, heorte þē cēnre, mōd scealmāre, þē ūre mægen lytlað.*

El soldado que caminaba junto a él le miró con desconfianza:

---

[3] El zepelín es una especie de globo dirigible de fabricación alemana. Utilizados inicialmente con fines civiles, los zepelines fueron adaptados durante la Primera Guerra Mundial para llevar a cabo misiones de bombardeo (eran más eficaces que los aviones de la época, porque podían transportar más bombas) y de vigilancia. La Marina alemana los usó contra Inglaterra sobre todo en el canal de la Mancha y en el mar del Norte.

—¿Es alemán?

—No, muchacho, es anglosajón. Es un verso de un poema llamado *La batalla de Maldom*. Así solían hablar nuestros antepasados, allá por el año 1000. En aquella época, unos guerreros como nosotros hacían guardia aquí mismo, por temor a la aparición de barcos vikingos. Somos los centinelas destinados a impedir una nueva invasión bárbara.

—¡Al menos los vikingos no bombardeaban a nuestros antepasados con esa especie de salchichas voladoras! —dijo el soldado, señalando a lo lejos un zepelín atrapado en los haces de luz de la defensa antiaérea.

—Tienes razón —respondió Tolkien, sonriendo.

—¿Y qué significa lo que acaba de decir, teniente?

—«Más fuerte será la voluntad, más valiente el corazón, mayor el espíritu cuanto más menguada nuestra fuerza»[4].

—¿De veras? ¿Y se supone que eso debería animarnos?

Roos, mayo de 1917

Edith había fijado su residencia en el pueblo de Roos, cerca del campamento militar donde estaba destinado su marido. Siempre que tenía un permiso, Ronald corría a reunirse con su mujer. Aquella her-

---

[4] J. R. R. TOLKIEN, «El regreso de Beorhtnoth, hijo de Beorhthelm», en *La batalla de Maldom junto con El regreso de Beorhtnoth*, *op. cit.*, p. 6.

mosa mañana de mayo, Edith parecía especialmente alegre y radiante.

—¿Te apetece dar un paseo? –sugirió–. He visto un bosquecillo cerca del pueblo. Podríamos ir allí a merendar.

Ronald no se hizo de rogar. Llenaron una cesta con bocadillos, una botella de limonada y fruta. Edith se puso un sombrero de paja sobre su cabello negro azabache y, cogidos del brazo, partieron hacia el bosque. ¡Se estaba tan bien bajo los árboles! Los pájaros cantaban, las ligeras mariposas revoloteaban y las flores exhalaban un agradable perfume. ¡Qué lejos parecía la guerra! La joven pareja descubrió con alegría un claro lleno de flores blancas. Las flores de alcaravea ondeaban suavemente con la brisa. Mientras Ronald se sentaba en la hierba a la sombra de un olmo, Edith se quitó el sombrero y se puso a bailar y a cantar entre las flores. Su amplia falda de muselina giraba en torno a sus tobillos. Verla era un espectáculo magnífico, digno de una aparición sobrenatural. Tolkien estaba hechizado, como un viajero que, al adentrarse en un bosque mágico, hubiera sorprendido a un hada y se hubiera enamorado perdidamente de ella. Cuando regresó con su marido, jadeante y feliz, él la abrazó con fuerza. En ese momento, Edith susurró al oído de Ronald:

—Tengo que anunciarte una cosa. ¡Estoy embarazada!

Tolkien la besó, conmovido y asombrado.

Unos meses más tarde recreó esta escena en uno de sus cuentos, *Beren y Lúthien*[5].

Por desgracia, a mediados de agosto, Tolkien sufrió un nuevo ataque de fiebre y tuvo que ser internado en el hospital de oficiales de Brooklands, al norte de Hull.

—Ya no puedo más —suspiró Edith, sentada junto a su cama—. No me siento con fuerzas de hacer el trayecto de Roos a Hull en mi estado, por no hablar de los gastos. Además, no quiero quedarme sola en Roos. Daré a luz en unos meses, y me gustaría estar en un entorno familiar, rodeada de amigos. Así que he decidido regresar a Cheltenham con Jennie. Podrás reunirte conmigo cuando nazca el bebé.

Desgraciadamente, Ronald no pudo asistir al nacimiento de su primer hijo, el 16 de noviembre de 1917. Ese día tuvo que comparecer ante un nuevo tribunal médico. El parto, que tuvo lugar en la Royal Nursing Home de Cheltenham, fue un verdadero calvario para Edith, y por un momento se temió por la vida de la madre. Ronald tuvo que esperar una semana para obtener el permiso necesario para abrazar a su esposa y conocer al pequeño John Francis Reuel. El padre Francis Morgan vino especialmente desde Birmingham para bautizar al niño.

---

[5] Beren, un hombre errante, sorprende a una princesa elfa bailando y cantando entre las flores y se enamora perdidamente de ella. Su amor es compartido, pero el padre de Lúthien impone al pretendiente una prueba que cree imposible. El amor de Beren y Lúthien inspiró a Tolkien una larga poesía, «La balada de Leithian», y una canción en *El Señor de los Anillos*.

El año 1918 fue especialmente duro para Inglaterra en general, y para Ronald en particular: sus episodios de mala salud (regreso de la fiebre de las trincheras, gripe, gastritis), que le enviaron varias veces al hospital, alternaban con periodos de recuperación, durante los cuales estuvo destinado a distintas partes de Inglaterra. El 26 de julio de 1918, Tolkien llegó a recibir la orden de embarcar al día siguiente a Boulogne, Francia, con el 11° Batallón de Fusileros de Lancashire. Por suerte, la orden se canceló enseguida: no solo porque Tolkien estaba en el hospital, sino porque el batallón había dejado de existir por falta de supervivientes.

A finales de junio, Tolkien sufrió un ataque de gastritis y fue ingresado en el Hospital Brooklands de Hull, donde permaneció hasta casi el final de la guerra.

—No creo que vuelvas a estar cansado nunca más –bromeó Edith–. Desde que volviste, llevas prácticamente dos años en la cama.

Esta vez, Edith se negó a abandonar Gipsy Green, la casa donde se había instalado en Teddesley Hay, al sur de Birmingham. En dos años, se había mudado un total de veintidós veces.

Durante su estancia en el hospital, Ronald siguió enriqueciendo su universo legendario y perfeccionando sus lenguas imaginarias. Retomó el español y el italiano, e incluso intentó aprender ruso.

Estados Unidos entró en guerra apoyando a Francia e Inglaterra en 1917, pero fue sobre todo a partir del verano de 1918 cuando su contribución fue decisiva. El 11 de noviembre de 1918, Alemania firmó el armisticio. Había llegado el final de la guerra, pero los soldados no fueron desmovilizados. Tolkien, que había salido del hospital el mes anterior, pidió que le destinaran a Oxford «con el objetivo de completar su educación».

III
EL PROFESOR

Capítulo 1
Las *Cartas de Papá Noel*

«Ahora mismo me marcho a Oxford con el saco lleno de regalos (algunos para ti). Espero llegar a tiempo: esta noche la nieve es muy espesa en el Polo Norte»[1].

Oxford, noviembre de 1918

Ahora que Tolkien había sido desmovilizado, debía esforzarse en encontrar trabajo. La escasa pensión de invalidez que seguía recibiendo del ejército no bastaba para alimentar a su familia. En cuanto a la pequeña renta de las minas africanas que había heredado de sus padres, la había utilizado el año anterior para pagar la estancia de Edith en una clínica después del parto.

Por desgracia, después de la guerra, la vuelta a la normalidad resultaba complicada. El país estaba sumido en un profundo caos. Oxford intentaba recuperar a sus estudiantes: muchos habían perecido en combate y, entre los supervivientes, no todos retomaron sus es-

---

[1] J. R. R. TOLKIEN, *Cartas de Papá Noel*, El Aleph, Barcelona 2006. Esta cita procede de la primera de las *Cartas de Papá Noel*, que Tolkien escribió cada año a sus hijos entre 1920 y 1943. Todas las *Cartas de Papá Noel* las publicó en 1976 Baillie Tolkien, la mujer de Christopher Tolkien.

tudios. Ronald llamó a muchas puertas, pero sin éxito. Empezaba a desesperarse cuando se encontró con su antiguo profesor de nórdico, William Craigie[2].

—¡Me alegro de verle sano y salvo! —exclamó el profesor—. ¡Tantos compañeros suyos han muerto en la guerra! ¿Cómo le va, Tolkien?

—Me casé y soy padre de un niño —dijo Ronald, sonriendo—. Pero ahora mismo debo encontrar trabajo. Esperaba conseguirlo en el mundo universitario, pero hasta ahora mi búsqueda ha sido en vano.

William Craigie se quedó pensando un momento.

—Como sabe, soy el redactor jefe del *Oxford English Dictionary*[3]. Ahora mismo necesitamos filólogos competentes. Podría ofrecerle un empleo de asistente lexicográfico, aunque no está bien pagado, ni es a tiempo completo...

—¡Acepto encantado! —se apresuró a decir Tolkien—. Se lo agradezco de corazón.

El trabajo de Ronald consistía en investigar la historia y la etimología[4] de las palabras de origen germá-

---

[2] William Craigie (1867-1957) fue un filólogo y lexicógrafo, profesor de anglosajón y especialista en literatura nórdica, sobre todo islandesa. También era un gran conocedor de los cuentos de hadas.

[3] El *Oxford English Dictionary* fue el primer diccionario de inglés que documentaba el desarrollo histórico de la lengua inglesa. Comenzó a elaborarse en 1857, pero se publicó por primera vez en fascículos en 1884. En 1928 se publicó el diccionario completo en diez volúmenes, que volvieron a publicarse en 1933 (en doce volúmenes con un volumen suplementario) y en 1989 (en veinte volúmenes). La tercera edición está disponible desde el año 2000, pero solo en formato electrónico. El diccionario puede consultarse en línea.

[4] La etimología investiga el origen de las palabras de una lengua.

nico que empezaban por «w». Al aceptar aquel puesto, Tolkien no solo realizaba una tarea que le gustaba, sino que aquel trabajo a tiempo parcial le permitía trabajar en su mitología y sus lenguas inventadas.

Sin embargo, esta actividad no le aportaba el dinero suficiente para satisfacer las necesidades de la familia. La hija de un colaborador del *Oxford English Dictionary*, que realizaba sus estudios en el Lady Margaret Hall, un *college* femenino de Oxford[5], necesitaba recibir clases particulares de literatura antigua. Su padre preguntó a Ronald si estaba dispuesto a ser su profesor. Tolkien aceptó. A pesar de su juventud, el hecho de estar casado le otorgaba la respetabilidad necesaria para enseñar a chicas jóvenes. El boca a boca surtió efecto y Ronald empezó a dar clase de literatura inglesa o de lenguas antiguas a alumnas de la ciudad. Aquello servía de complemento a su salario.

Pero no contaba con un sueldo fijo, y Edith esperaba un segundo hijo. Cuando Tolkien se enteró de que había una vacante de profesor de lengua inglesa en la Universidad de Leeds, se apresuró a presentar su solicitud y tuvo la suerte de ser aceptado.

---

[5] Hasta 1970, la enseñanza en Oxford no era mixta. Las mujeres tardaron más que los hombres en acceder a los estudios universitarios. El primer *college* femenino, el Lady Margaret Hall, abrió sus puertas en 1878. Hubo que esperar a octubre de 1920 para que las mujeres pudieran ser admitidas como miembros de pleno derecho y acceder a puestos en la universidad. El último *college* únicamente femenino, el St Hilda's College, no permitió la entrada a los estudiantes masculinos hasta 2008.

Michael nació el 22 de octubre de 1920 en Oxford. Edith tenía que esperar a recuperarse del parto y a que el bebé estuviera en condiciones de viajar para trasladarse a Leeds con sus dos hijos. Fue, por tanto, en Oxford –donde Ronald se había reunido con su familia para las vacaciones de Navidad– donde el pequeño John, de tres años, recibió su primera carta de Papá Noel.

—¿Por qué tiene la letra tan temblorosa? –preguntó el niño después de examinarla.

—Porque Papá Noel es muy viejo –respondió Ronald–. Tiene más de mil novecientos veinticuatro años. Además, en el Polo Norte hace mucho frío. Por eso le tiembla un poco la mano.

—¿Vive solo en el Polo Norte?

—No. Si viviera solo, no podría envolver los regalos de todos los niños del mundo. Hay un Oso Polar que le ayuda, o que al menos pretende ayudarle. Pero como es un poco torpe, acaba haciendo más mal que bien.

Con el paso de los años, los niños aprendieron a conocer a los ayudantes de Papá Noel: además del Oso Polar estaban los elfos de la nieve, los gnomos rojos, los muñecos de nieve, los osos de las cavernas y los sobrinos del Oso Polar, Paksu y Valkotukka. Además, Papá Noel también tenía enemigos, los trasgos, que provocaban desastres, atacaban su casa, robaban o destruían los regalos destinados a los niños... Pero los osos y los elfos siempre acababan ganando.

Las cartas estaban ilustradas con divertidos dibujos, dobladas en sobres decorados y estampadas con sellos del Polo Norte. A veces eran los niños quienes las encontraban en la repisa de la chimenea la mañana del 25 de diciembre; otras era el propio cartero quien, en connivencia con el padre, se las traía. Los calcetines que colgaban del árbol siempre aparecían llenos de regalos: rompecabezas, una locomotora, una estación de ferrocarril, una granja con sus animales, libros, muñecas, peluches... Para dar las gracias a Papá Noel, los niños solían escribirle una carta.

La última carta la recibió Priscilla, hija de Edith y Ronald, en 1943, cuando tenía catorce años.

Capítulo 2

Sir Gawain y el
Caballero Verde

For I wene wel, iwysse, Sir Woven Ʒe are,
Þat alle þe worlde worchipez; quereso Ʒe ride,
Your honour, your hendelayk is hendely praysed
With lordez, with ladyes, with alle þat lyf bere[1].

Universidad de Leeds, octubre de 1920

Poco después de su llegada a Leeds, Tolkien se presentó en el despacho de George Stuart Gordon, el profesor de literatura inglesa que lo había contratado. Este lo recibió con amabilidad.

—Como le dije en nuestra entrevista el pasado mes de junio, me gustaría desarrollar la rama medieval y lingüística de nuestro departamento de literatura inglesa —explicó el profesor Gordon—. Cuento con usted, Tolkien, para despertar el interés de los alumnos. Le doy carta blanca. ¿Qué clases cree que podría impartir?

---

[1] El texto está escrito en inglés medieval, y significa: «Vos sois el caballero más galante y conocido de nuestro tiempo, y vuestra fama y vuestro honor han llegado a todas partes». Cfr. *Sir Gawain y el Caballero Verde*, vv. 1226-1229, Alianza, Madrid 2013[2], p. 74.

—En el primer año puedo enseñar historia del inglés, filología, poesía heroica y analizar diversos textos del inglés antiguo y medieval. También puedo proponer una introducción a la filología germánica. En el segundo año podría dar clase de gótico, islandés antiguo y galés medieval. Las clases se basarían siempre en los textos, por supuesto, porque no se puede separar el aspecto técnico de una lengua de su aspecto literario.

—Estoy completamente de acuerdo con usted. Para este primer semestre solo se han apuntado cinco estudiantes a su clase, pero estoy seguro de que en el futuro tendremos muchos más.

Poco después, Ronald se encontró por primera vez con sus estudiantes. Estaba un poco nervioso, pero en cuanto entró en materia, sus temores desaparecieron.

—Imagino que todos ustedes conocen a Chaucer...

Dejó la frase en suspenso para echar una mirada a su escaso auditorio. Los alumnos bajaron la cabeza o se pusieron a mirar al techo para ocultar su vergüenza.

—Este año —prosiguió Tolkien con una ligera sonrisa— comenzaremos la asignatura de inglés medieval con el estudio de un autor completamente distinto a Chaucer y sobre el que no sabemos nada. Se trata del «poeta de la Perla» o el «poeta de Sir Gawain». Este autor desconocido escribió cuatro hermosos textos de los que solo nos queda un manuscrito, que se conserva en la Biblioteca Británica[2] bajo la signatura «Nero A. x». Empezaremos por el texto titulado: *Sir Gawain y el Caballero Verde,* un poema que podemos situar a finales del siglo XV. ¿Alguno de ustedes lo ha leído?

Se hizo un gran silencio.

—¿Ni siquiera han oído hablar de él? Desde que el texto fue descubierto por un conservador de manuscritos del Museo Británico en 1839, se han publicado varias versiones.

Un alumno levantó la mano.

—¿Sí?

—¿Sir Gawain no era un personaje de las leyendas artúricas? ¿Uno de los caballeros de la Tabla Redonda?

—Sí. Suele presentársele como el sobrino del rey Arturo y uno de sus mejores caballeros, un dechado de virtud. Virtud que se verá puesta a prueba en este poema. ¿Alguien sabe de qué trata?

El silencio del auditorio hablaba por sí solo.

—En fin, se lo resumiré en pocas palabras. El día de Navidad, mientras los caballeros de la Tabla Redonda están reunidos en torno al rey Arturo, un misterioso caballero, un gigante vestido de verde, entra en la sala y lanza un desafío: el rey o uno de sus caballeros debe

---

[2] Situada en Londres, la Biblioteca Británica es la biblioteca nacional del Reino Unido. Es una de las más importantes del mundo, con 170 millones de fondos, entre ellos 14 millones de libros. Como biblioteca nacional, no se fundó hasta 1973. Anteriormente, sus colecciones dependían del Museo Británico.

intentar cortarle la cabeza, y aceptará la misma suerte para él al año siguiente. Sir Gawain se ofrece voluntario en lugar de su tío y corta la cabeza del gigante con su espada. Entonces, y para sorpresa general, el gigante recoge su cabeza, vuelve a subir a su caballo y ordena a sir Gawain que, la Navidad siguiente, vaya a buscarle a la Capilla Verde para que le corten la cabeza.

—¡Menudo cuento de hadas! –se burló uno de los alumnos.

—Así es –admitió Tolkien–. Pero aún no he terminado. Sir Gawain parte a buscar la famosa Capilla Verde y, después de superar numerosas pruebas y combatir a varios monstruos, llega al Castillo de Hautdesert, regentado por un tal Bertilak, que le acoge con cordialidad. Conoce a la bella esposa del señor, que está acompañada por una anciana muy fea. Al día siguiente, el señor se va de caza y propone a sir Gawain que se quede descansando en su castillo. Ambos acuerdan intercambiar todo lo que hayan conseguido ese día. En ausencia de su marido, la mujer de Bertilak intenta seducir a sir Gawain, pero solo consigue darle un beso. Esa noche, Bertilak regresa con un ciervo que regala a sir Gawain. Él, a cambio, le da un beso, sin decir cómo lo ha obtenido. Al día siguiente, el señor del castillo sale de nuevo a cazar. Esta vez, la dama se muestra más insistente con sir Gawain y le da dos besos; besos que sir Gawain devuelve a Bertilak a cambio de un jabalí. El tercer día, la dama vuelve a la carga y, cada vez más insistente, le da a sir Gawain tres besos, así como su cinto. El caballero le da al señor los tres besos a cambio de un zorro, pero se guarda de mencionar el cinto. Al día siguiente, un criado conduce a sir Gawain a la Capilla Verde, que se encuentra muy cerca del castillo. Allí le espera el Caballero Verde con un hacha, dispuesto a cumplir su parte del trato. Sir Gawain inclina la cabeza, pero la retira en el momento en que el Caballero Verde baja el hacha. El gigante se burla de sir Gawain que, avergonzado, vuelve a inclinar la cabeza. El Caballero Verde ataca de nuevo, pero el hacha se detiene a unos milímetros de su cuello. Empuña el hacha por tercera vez, pero solo le hace una pequeña incisura en el cuello. Entonces sir Gawain se levanta, dispuesto a combatir si es necesario, pero el Caballero Verde se echa a reír y se convierte en el anfitrión de sir Gawain, el señor Bertilak. Los tres golpes de hacha se corresponden con las tres tentaciones de su esposa, que constituyen la verdadera prueba de la historia. La incisión es el castigo por el cinto que sir Gawain aceptó y no devolvió. En cuanto a la anciana que acompañaba a la joven esposa, resulta ser la bruja Morgana, hermanastra de Arturo y tía de sir Gawain: fue ella quien transformó a Bertilak en un gigante verde. A lo largo del curso veremos todo lo que nos enseña esta historia sobre los usos corteses de la época. Pero antes nos concentraremos en los problemas que plantea el texto original, que reconozco que es bastante difícil...

Insatisfecho con las transcripciones y ediciones del texto de *Sir Gawain y el Caballero Verde* realizadas por sus predecesores, Tolkien se dispuso a elaborar su propia versión, ayudado por un joven colega canadiense, Eric V. Gordon, que se había incorporado al departamento de literatura inglesa en 1922. Tolkien se encargó del texto propiamente dicho y del glosario, mientras que Eric Gordon se ocupó de las notas literarias. Esta edición se publicó en 1925.

En 1922, Edith y Ronald, que vivían hasta entonces en un alojamiento universitario cerca del campus, compraron su primera casa en West Park, un barrio a las afueras de Leeds, con un jardín y vistas a los prados de alrededor. Ronald quería que sus hijos pudieran beneficiarse de un entorno rural.

En 1922 se produjo también la despedida de George S. Gordon, que aceptó un puesto de profesor de literatura inglesa en Oxford. Ronald esperaba que le nombraran catedrático de literatura inglesa en Leeds en sustitución de Gordon, pero no fue así. Tuvo que esperar dos años más, pero en 1924, la Universidad de Leeds, que estaba muy satisfecha con los servicios de Tolkien, creó una cátedra de inglés expresamente para él. Se convirtió en catedrático de universidad a los treinta y dos años, algo verdaderamente notable.

Leeds, primavera de 1924

Eric Gordon y Ronald Tolkien estaban sentados en un pub, disfrutando de una cerveza, mientras hablaban de sus clases y sus respectivos alumnos. Hablaban también de su gusto común por las sagas islandesas y las antiguas leyendas germánicas.

—Cuando era estudiante en Oxford, participaba en grupos de lectura en los que recitaba textos en gótico, anglosajón o nórdico antiguo –recordó Tolkien con nostalgia–. Todos sentíamos que formábamos parte de un círculo exclusivo de iniciados, que éramos miembros de una especie de sociedad secreta –añadió, riendo.

—¿Y si hiciéramos lo mismo en Leeds? –propuso E. V. Gordon–. Podríamos proponer lecturas de textos germánicos antiguos en las que participaran los estudiantes y los profesores que quisieran...

—Y como hablar da sed –añadió Tolkien, levantando su pinta de cerveza–, acompañaríamos dichas lecturas con bebidas relacionadas con la cultura vikinga. El té del antiguo T.C.B.S. ya no es apropiado.

—Eso es, ¡creemos el Club Vikingo! –exclamó Gordon levantando su vaso de cerveza.

Ambos profesores brindaron alegremente por la creación de su Club Vikingo, que, desde su lanzamiento, gozó de un gran éxito. No contentos con leer sagas en islandés antiguo, los participantes no tardaron en crear sus propios textos, poemas y canciones en gótico, inglés antiguo, nórdico antiguo y otras lenguas germánicas antiguas. El club, que sobrevivió a la marcha de sus fundadores, llegó a publicar, en 1936, una colección de dichas canciones titulada *Canciones para filólogos*.

Leeds, junio de 1925

Era de noche. Edith estaba dando de comer a Christopher, el tercer hijo de la familia, nacido unos meses antes, mientras Ronald leía el periódico después de acostar a John y Michael, los mayores. De pronto, Edith oyó que su marido lanzaba una exclamación de sorpresa.

—¿Qué pasa? –le preguntó.

—El periódico dice que mi antiguo profesor, William Craigie, acaba de renunciar a su cátedra de anglosajón en Oxford. Se va a dar clases a la Universidad de Chicago. Aunque yo creo que lo que quiere es beneficiarse de su archivo para terminar el *Dictionary of American English*[3].

Tolkien se quedó pensando un momento.

—Me parece que ya sé lo que tienes en mente –dijo Edith, sonriendo.

—Qué bien me conoces. Sabes que siempre he tenido un sueño, un sueño inalcanzable que me reservaba para más tarde, cuando tuviera más experiencia: enseñar anglosajón en la Universidad de Oxford.

—¿Y por qué no presentas tu candidatura?

—No hay nada seguro. Desde luego, no creo que sea el único que aspire a ese puesto. Solo tengo treinta

---

[3] El *Dictionary of American English (Diccionario de inglés americano)* es un diccionario de términos ingleses utilizados en Estados Unidos, publicado en cuatro volúmenes (entre 1938 y 1944) por la editorial de la Universidad de Chicago. Iniciada por William Craigie, esta obra es una continuación americana del *Oxford English Dictionary,* y recoge palabras y frases en inglés americano utilizadas desde las primeras colonias inglesas hasta principios del siglo XXI.

y tres años. Además, me acaban de nombrar catedrático en la Universidad de Leeds. ¿Qué pensarán de mí si me voy el primer año?

—¡Ese puesto está hecho para ti!

Animado por su esposa, el 27 de junio de 1925 Ronald escribió una carta de candidatura destinada al tribunal de la cátedra Rawlinson & Bosworth de anglosajón[4].

En julio, para su sorpresa, pero también para su inmensa alegría, obtuvo una respuesta positiva, con efecto a partir del 1 de octubre de 1925. El 22 de julio escribió al director de la Universidad de Leeds para informarle de su próxima partida y para pedirle perdón por aquel precipitado abandono.

El director de la universidad no se alegró de perder a aquel empleado tan eficiente: de los cinco que había el primer año, el número de estudiantes de lingüística había pasado, cinco años más tarde, a veinticinco. Alumnos procedentes de otros cursos asistían con entusiasmo a las clases optativas de lectura de textos antiguos y participaban en el Club Vikingo. Pero no le quedó más remedio que perdonarle... a condición de que siguiera dando clase en Leeds durante el curso 1925-1926, pues era imposible encontrar un sustituto en tan poco tiempo. Así que, durante un año, Ronald tuvo que enseñar en dos universidades a la vez.

---

[4] Esta cátedra depende del Pembroke College, un *college* o colegio mayor de la Universidad de Oxford fundado en el siglo XVII.

Capítulo 3

Vacaciones en Filey

«Había una vez un perrito llamado Rover. Era muy pequeño y muy joven, pues de lo contrario se habría portado mejor»[1].

Leeds, julio de 1925

Toda la familia se había reunido para cenar. Sentados a la mesa, Ronald y Edith intercambiaban miradas cómplices.

—¿Se lo decimos? –preguntó Edith.

—¡Sí! –accedió Ronald, sonriendo.

—Niños –comenzó a decir su madre–, vuestro padre acaba de ser nombrado catedrático de anglosajón en la Universidad de Oxford. El 1 de octubre empezará el curso.

Michael, de cinco años, no entendía muy bien lo que eso significaba. Para su hermano mayor John, de ocho años, aquello quería decir un nuevo traslado.

---

[1] J. R. R. TOLKIEN, «Roverandom», en *Cuentos desde el reino peligroso*, Minotauro, Barcelona 2024, p. 5.

—Pero antes –dijo su padre–, para celebrar la buena noticia, vamos a pasar unas semanas de vacaciones junto al mar.

Fue entonces cuando los niños entendieron el verdadero significado de sus palabras.

—¡Bien! –exclamaron, aplaudiendo.

—¿Nos llevaremos a Christopher? –preguntó John, mirando la cuna donde dormía su hermano pequeño.

—¡Claro! –exclamó Edith–. Christopher forma parte de la familia.

—¿Y a Rover? –preguntó Michael.

—Por supuesto –respondió Ronald–. Rover también forma parte de la familia.

Rover era un perrito de plomo pintado en blanco y negro. Edith compró aquel juguete para Michael y, desde entonces, el niño lo llevaba consigo día y noche. A la hora de comer, lo ponía encima de la mesa junto a su vaso. Para dormir, lo estrechaba en su manita o lo ponía en una silla junto a su cama. Solo aceptaba separarse de él para bañarse, cepillarse los dientes o lavarse las manos.

Filey[2], 3 de septiembre de 1925

El *cottage*[3] al que la familia Tolkien se había trasladado el día anterior se alzaba al borde de un acantilado.

---

[2] Filey es una localidad turística de Yorkshire, en la costa noreste de Inglaterra.

[3] *Cottage:* pequeña casa de campo tradicional de Inglaterra.

Las ventanas daban a la playa de una localidad costera bañada por el mar del Norte. Pero a aquella hora de la noche, apenas se adivinaban las olas. Con la frente pegada al cristal, John intentaba distinguir las formas imprecisas de los barcos anclados en la bahía. De pronto exclamó:

—¡Venid!

Su hermano y sus padres acudieron a su llamada. La luna llena acababa de alzarse en el horizonte, emergiendo del mar, y trazaba una especie de sendero plateado sobre las olas. La vista era de una belleza impresionante. La familia pasó un buen rato admirando el espectáculo.

—Mira, Rover —dijo Michael a su perro de juguete mientras lo colocaba en el alféizar de la ventana.

Luego se volvió hacia su padre y le preguntó:

—¿Vive alguien en la Luna?

—¡Pues claro! —respondió Ronald, muy serio—. Hay al menos un Hombre de la Luna que nos está mirando en este momento.

—¿Está solo?

—No. Lo acompaña su fiel Perro de la Luna. Puede que el perro también se llame Rover, como el tuyo.

El niño se quedó mirando el astro con aire pensativo.

—¿Tú crees que podría ir a la Luna a visitar al Hombre de la Luna y a su Perro de la Luna?

—¿Ves el camino de plata que ha trazado la Luna sobre el mar? Es el camino secreto que recorren los niños cuando sueñan. Por la noche viajan a la Luna y se divierten como locos. En ocasiones se acuerdan a la mañana siguiente, pero la mayoría de las veces se olvidan de todo al despertar.

Edith les estaba escuchando, divertida y emocionada. Siempre se preguntaba de dónde sacaba Ronald todo aquello. Era el mejor inventando historias para sus hijos antes de dormir.

—¡Ahora vamos a la cama, diablillos! —dijo su esposo—. Mañana daremos un largo paseo por la playa. Pero antes hay que dormir un poco.

Al día siguiente, al amanecer, los niños ya estaban listos para salir a pasear.

—Ven, Rover —dijo Michael, cogiendo su juguete—. Vamos a dar una vuelta.

Después de dejar a mamá cuidando del bebé, Ronald y los niños bajaron del acantilado por un pequeño sendero y corrieron jadeantes por la arena húmeda. Luego, dejando la playa atrás, se aventuraron por las rocas situadas al pie de los acantilados. La marea ascendía golpeando suavemente las piedras. Ronald divisó un buen charco y les propuso hacer un concurso de lanzamiento de piedras. Los niños se hicieron con unos guijarros planos y su padre les enseñó a lanzarlos al agua. John aprendió enseguida, pero Michael no lo conseguía.

—Si llevas el perrito en la mano, no te saldrá nunca —se impacientó su hermano.

Michael dejó el juguete sobre un guijarro.

—No te muevas, Rover –le dijo–. Ahora vuelvo. Después de un momento de práctica consiguió hacerlo tan bien como su hermano mayor, lo que le hizo sentir muy orgulloso.

Para entonces, el sol ya estaba en lo alto del cielo.

—Vamos, niños, ya es hora de comer –dijo Ronald, emprendiendo el camino de vuelta.

—¡Espera, papá! –exclamó Michael–. Tengo que coger a Rover.

El niño volvió sobre sus pasos hasta el lugar donde pensaba haber dejado su juguete. Pero todas las piedras se parecían. Imposible encontrar al perrito.

—¡Papá, John, venid a ayudarme! ¡No encuentro a Rover! –gritó el niño.

Ronald y John se pusieron a buscar el juguete. Poco a poco deshicieron el camino recorrido e inspeccionaron los montones de piedras, bajo el acantilado o más cerca del agua, pero no encontraron nada. Michael estaba a punto de llorar.

—Escucha, hijo mío –dijo Ronald–. Mamá nos está esperando para comer. Si no volvemos enseguida, se inquietará. Te prometo que volveremos esta tarde a buscar a Rover. Es tan solo un perrito. No va a moverse. Solo va a esperar tranquilamente a que volvamos. Lo encontraremos, ya verás.

Desgraciadamente, después de comer –lo cual hicieron a toda prisa–, y por más que la familia al completo inspeccionó la playa, fue imposible recuperar el juguete, que era pequeño y de color blanco y negro, como las piedras. Michael estaba desesperado. Edith le prometió comprarle otro en cuanto volvieran a Leeds.

—¡Pero ya no será Rover! –sollozó el niño–. ¡Será otro, pero no Rover!

—Mañana volveremos a buscarlo –le prometió Ronald.

Al día siguiente, el tiempo era frío y lluvioso. Ronald y sus hijos siguieron buscando, pero sin éxito. Para distraer a Michael de su tristeza, fueron al puerto a ver el regreso de los pescadores y compraron pescado fresco para la comida. Ronald entabló conversación con un viejo marinero que fumaba en pipa.

—Si piensa salir con sus hijos esta tarde –dijo el anciano–, le aconsejo que no lo haga. Se avecina una gran tormenta –añadió, mientras señalaba unas nubes negras en el horizonte–. ¡Ya pueden tener cuidado!

El viejo marinero no se equivocaba. La tormenta que azotó la costa noreste de Inglaterra la tarde del 5 de septiembre fue una de las peores que se recuerdan. La marea subió, rompió el dique y barrió el paseo marítimo de la pequeña ciudad, causando daños considerables. Al caer la noche, resultaba imposible pegar ojo en la vieja casa sacudida por los fuertes vientos. Las vigas del tejado crujían, las paredes gemían, la tormenta silbaba y el aire frío se filtraba por puertas y ventanas.

—Papá, mamá, ¡tengo miedo! –gritó Michael.

También John, que estaba escondido bajo las mantas, tenía miedo, pero no lo admitiría por nada del mundo.

Edith y su esposo, intranquilos, corrieron a resguardarse en la habitación de los niños.

—Voy a contaros un cuento –propuso Ronald.

Durante buena parte de la noche, mientras la tormenta se encarnizaba con la vieja casa, en el espacio cálido y cerrado de la habitación de los niños, Ronald narró las aventuras de Rover, un perrito de verdad que se transformó en juguete después de morder a un brujo. El perro fue adquirido por la madre de un niño llamado Fistondeux, se perdió en una playa y se fue a vivir unas aventuras extraordinarias. Primero se dirigió a la Luna, donde conoció al Hombre de la Luna y a su Perro de la Luna.

—Como el Perro de la Luna también se llamaba Rover, el Hombre de la Luna decidió llamar a Rover «Roverandom», para que no hubiera confusión. Roverandom se sumergió en el mar, llegó al palacio del Rey del Mar y, finalmente, acabó en la boca de una ballena. Allí conoció a un Perro del Mar que también se llamaba Rover. Pero como Roverandom era muy travieso, despertó de su sueño a la gran Serpiente del Mar, la cual provocó una terrible tempestad. Mientras el viento y las olas retumbaban, Roverandom y el Perro del Mar se vieron atrapados en un torbellino de espuma, mezclada con algas arrancadas, peces enloquecidos, arena y conchas.

Edith y los niños se olvidaron de la verdadera tormenta que causaba estragos en el exterior: todos estaban con Rover en las profundidades marinas revueltas por la Serpiente del Mar y, más tarde, acompañaron a Rover en su camino de vuelta, cuando, después de disculparse con el brujo herido, volvió a su forma anterior.

—Papá, ¿tú crees que mañana o pasado mañana encontraré a Rover? –preguntó Michael.

—No –reconoció su padre–. Yo creo que Rover está viviendo unas aventuras estupendas y conociendo a criaturas extrañas, así que no volverá tan pronto.

Dos años después, cuando la familia pasaba las vacaciones en Lyme Regis, en la costa sur de Inglaterra, Ronald volvió a contar la historia de Roverandom al pequeño Christopher, que no había podido disfrutarla la primera vez.

—Deberías escribirla –le sugirió Edith.

Tolkien no solo escribió el cuento, sino que también lo ilustró con dibujos y acuarelas. Años más tarde, presentó *Roverandom* a sus editores, pero estos no lo publicaron porque había una historia que les interesaba más.

Roverandom se publicó por primera vez en 1998, años después de la muerte de Tolkien, y se dedicó a la memoria de Michael, fallecido en 1984.

Capítulo 4
Profesor de leyendas

«Así los guerreros vivieron con dicha, con felici-
dad, hasta que al palacio vino a hacer el mal un ser
del averno.

La horrible criatura se llamaba Grendel; morador
del yermo, su feudo eran páramos, fangales y algares,
guarida de endriagos que el maldito ser habitó por
tiempo, desde que el Creador hubo desterrado su
estirpe en Caín»[1].

Oxford, enero de 1926

Un pequeño grupo de estudiantes charlaba en el
campus de la universidad.

—¿Qué os parece vuestro nuevo profesor de anglosajón, Tolkien? –preguntó uno de ellos.

—¡Es increíble! –respondió otro–. Habla muy rápido, no articula muy bien y salta de una idea a otra,
pero en cuanto te acostumbras a su forma de hablar, lo
entiendes todo. Me gusta mucho.

---

[1] *Beowulf,* c. 1, Cátedra, Madrid 2019, p. 88.

—Es muy bueno. Se preocupa por sus alumnos y les ayuda todo lo que puede —afirmó un tercero—. Además, tiene un gran sentido del humor.

—Ahora estamos estudiando el *Beowulf* —prosiguió el segundo—, un poema épico en inglés antiguo compuesto entre los siglos VII y IX. ¡Tendríais que ver cómo habla Tolkien de él! Cuando lo lee en clase, es como si estuviéramos en un castillo medieval y un bardo anglosajón nos estuviera contando la historia de un héroe que conoció en persona.

—¿Y de qué trata el *Beowulf*?

— Beowulf es un guerrero que viaja a Dinamarca para ayudar al rey Hrothgar a librar a su reino de Grendel, un monstruo devorador de hombres. Después de eliminar al monstruo, Beowulf mata también a la madre de Grendel y regresa a su país junto al rey Hygelac. Después de suceder a su soberano y reinar con sabiduría durante años, Beowulf se enfrenta a un dragón que escupe fuego y perece en este último combate.

—A juzgar por tus palabras, está claro que os lo pasáis muy bien en clase de filología. Siempre pensé que esa asignatura era mortalmente aburrida.

—El profesor Tolkien siempre consigue interesarnos. Su entusiasmo es contagioso. Por supuesto, con él estudiamos la lengua anglosajona y su evolución hacia el inglés moderno, pero también nos muestra el interés literario de la propia historia. Para él, el *Beowulf* es uno de los poemas más bellos de nuestra lengua.

En efecto, Tolkien enseñó este texto a lo largo de toda su carrera profesional. En noviembre de 1936 pronunció una conferencia en la Academia Británica titulada *Beowulf: los monstruos y los críticos*. La conferencia tuvo una gran repercusión y se publicó ese mismo año en las *Actas* de la Academia. Tolkien discrepaba de la opinión general de su época, que consideraba el poema únicamente desde el punto de vista lingüístico e histórico, pero despreciaba su valor literario, rechazando como anecdóticos y puramente imaginarios a los monstruos Grendel, su madre y el dragón. Tolkien, por el contrario, pensaba que esos «monstruos» eran dignos de interés, pues simbolizan la eterna lucha entre el Bien, representado por el héroe, y el Mal, encarnado en estas criaturas[2].

---

[2] Tolkien se inspiró en el *Beowulf* para algunas de sus obras: el dragón Smaug en *El Hobbit;* la llegada de Aragorn, Gimli, Legolas y Gandalf al castillo de Meduseld en *El Señor de los Anillos;* las batallas de los héroes contra los dragones en *El Silmarillion...* Incluso hizo una traducción al inglés moderno, aunque esta no se publicó hasta mucho después de su muerte, en 2014.

IV
EL ESCRITOR

Capítulo 1
C. S. Lewis y los Inklings

«La amistad es innecesaria, como la filosofía, como el arte, como el universo mismo, porque Dios no necesitaba crear. No tiene valor de supervivencia; más bien es una de esas cosas que dan valor a la supervivencia»[1].

De los compañeros del T.C.B.S. solo quedaba Christopher Wiseman, que visitaba a la familia Tolkien de vez en cuando. Ronald llamó a su tercer hijo Christopher en honor a su amigo. Pero, con el paso del tiempo, Wiseman y Tolkien dejaron de tener cosas en común y se distanciaron.

Cuando llegó a la Universidad de Oxford, Ronald quiso crear un círculo parecido al Club Vikingo de Leeds. En 1926 reunió a un pequeño grupo de apasionados de la literatura escandinava que adoptaron el nombre de *Coalbiters* (los «Comedores de Carbón», nombre que se daba a las personas que se

---

[1] C. S. LEWIS, *Los cuatro amores,* Rialp, Madrid 2017. Lewis escribió un tratado sobre las diferentes formas de amor (afecto, amistad, amor erótico y amor divino). Para la parte que trata de la amistad, se inspiró en gran medida en la amistad que compartía con Tolkien.

reunían alrededor de una estufa para calentarse). Sus miembros –profesores, ayudantes y alumnos– traducían textos del islandés antiguo y luego los comentaban.

Entre los participantes del club, Tolkien simpatizó especialmente con uno de sus compañeros, Clive Staple Lewis[2], conocido como C. S. Lewis. Ambos tenían muchos puntos en común: Lewis había perdido a su madre cuando tenía diez años y, después de sufrir maltratos en un internado, se refugió en la lectura y el estudio de las lenguas antiguas. Era un apasionado de la mitología celta y nórdica y de la Edad Media. Al igual que Tolkien, había combatido en Francia durante la guerra, donde resultó herido antes de ser repatriado a Inglaterra. Después de estudiar filosofía, letras clásicas y literatura inglesa en Oxford, en aquel momento enseñaba esta última asignatura en el Merton College de Oxford.

Oxford, diciembre de 1929

—¿Has tenido tiempo de leer lo que te dejé? –preguntó Ronald a Lewis cuando se reunieron aquel lunes en el pub Eagle and Child.

Aquello se había convertido en una tradición: reunirse todos los lunes en el Eagle and Child para charlar. Lewis era un excelente crítico que publicaba

---

[2] C. S. Lewis (1898-1963) fue un escritor y académico británico. Es conocido sobre todo por una serie de siete novelas de fantasía para niños, *Las crónicas de Narnia,* publicadas entre 1950 y 1956.

reseñas literarias en los periódicos. La semana anterior, Tolkien le había dejado el poema *La balada de Leithian*, y estaba deseando conocer la opinión de su amigo.

—Anoche me quedé despierto hasta tarde. He leído el poema de un tirón –respondió Lewis–. Te voy a ser sincero: hacía tiempo que no pasaba una velada tan deliciosa. De lo que he leído, hay dos cosas que me han llamado la atención: la sensación de realismo y el valor mítico del poema. Dentro de unos días te enviaré una reseña más detallada por escrito.

Lewis cumplió su palabra: unas semanas más tarde, le envió catorce páginas de observaciones bajo la forma de una reseña escrita por cuatro comentaristas imaginarios, lo que le permitió suavizar sus críticas. También le propuso correcciones. Tolkien leyó sus comentarios con suma atención, aunque no hizo caso de las correcciones. Sin embargo, adquirió la costumbre de dejar sus textos a Lewis, sabiendo que en su amigo encontraría un oído atento y un ojo crítico. Lewis siempre le animó a publicar sus obras.

Oxford, 20 de septiembre de 1931

Tolkien, Lewis y un tercer amigo y colega, Hugo Dyson, habían pasado la tarde hablando de mitos y religiones. Tolkien era un católico ferviente, Dyson se decía cristiano y C. S. Lewis, nacido de padres anglicanos, había perdido la fe tras la muerte de su madre. Aun así, Lewis estaba interesado en la espiritualidad. Aquella noche, al salir del pub, fueron a dar un paseo por el campus universitario mientras seguían con la conversación.

—Yo soy más bien deísta —decía Lewis—. Creo que hay un Dios. Lo que me molesta del cristianismo es que no le veo sentido al sacrificio, la muerte y la resurrección de Jesús.

—Pero en los mitos paganos admiras y te emocionas con la idea de sacrificio, como el de Balder[3] en la mitología nórdica —objetó Ronald.

—Es verdad. Pero la muerte de Jesús se produjo en el mundo real, mientras que el sacrificio de Balder es un mito, es decir, una mentira.

—¡Te equivocas! —exclamó Tolkien, contrariado—. Los mitos son un reflejo de la verdad eterna. Es creando mitos como el hombre avanza en la comprensión de Dios.

—¿Quieres decir que la historia de Cristo es un mito verdadero, un mito que sucedió de verdad?

—¡Claro! La resurrección de Cristo es algo extraordinario, legendario, que realmente ocurrió. En eso consiste el milagro de Jesús.

Más tarde, Lewis confesó que aquella conversación con Dyson y Tolkien jugó un papel fundamen-

---

[3] Hijo de Odín, Balder es el dios de la luz, la belleza, la juventud y el amor. Por celos, el dios Loki provoca su muerte y le impide regresar de Hel, el mundo de los muertos, precipitando la llegada del Ragnarök, el fin del mundo, en el que la mayoría de los dioses morirán. Sin embargo, Balder sobrevivirá a este apocalipsis para participar en la renovación del universo.

tal en su reconversión, aunque a Ronald le decepcionó que su amigo volviera al anglicanismo de su infancia, en vez de hacerse católico como él. Aun así, la fe cristiana consolidó aún más su amistad. En cuanto a Tolkien, aquella discusión reafirmó su *legendarium,* es decir, su mitología personal, en la que siguió trabajando a pesar de sus numerosos deberes profesionales y familiares.

A finales de 1930, el club de los *Coalbiters* dejó de reunirse. No obstante, varios de sus miembros, entre ellos Tolkien, Lewis y Dyson, participaron en otro círculo literario, los Inklings[4]. Los Inklings se fundaron en 1931, y Lewis fue su centro permanente hasta su muerte. Este club de debate literario, informal, se reunía tanto en pubs (muchas veces en el Eagle and Child), como en casa de C. S. Lewis. Normalmente se dedicaban a charlar, beber, fumar y bromear, pero sobre todo a leer en voz alta y someter a la opinión de los demás miembros textos en proceso de composición. Este fue el caso de *El Hobbit* y *El Señor de los Anillos,* de Tolkien, y de todas las obras de Lewis. Otros escritores que formaron parte de los Inklings fueron Charles Williams[5] y Owen Barfield[6].

---

[4] *Inklings:* juego de palabras intraducible formado por *ink* («tinta»), *link* («vínculo») y la expresión inglesa *to have an inkling of something* («tener una ligera sospecha»).

[5] Charles Walter Stansby Williams (1886-1945) fue un poeta, novelista, teólogo y crítico literario inglés, autor de novelas de misterio sobrenaturales.

[6] Owen Barfield (1898-1997) fue un poeta, filósofo y crítico inglés. Ejerció una profunda influencia en Lewis y Tolkien.

Warren Lewis, hermano de C. S. Lewis, y Christopher Tolkien, hijo de Ronald, también participaron en el club.

Capítulo 2
Un padre narrador

«En un agujero en el suelo,
vivía un hobbit»[1].

Oxford, finales de junio de 1929

Hacía calor aquella mañana de junio y Ronald,
sentado en su escritorio, intentaba darse ánimos para
corregir los exámenes que se amontonaban en la mesa.
Habría preferido aprovechar el día para dar un paseo
o jugar con sus hijos en el jardín. Además, Priscilla, su
hija pequeña, acababa de nacer. La niña lloraba todas
las noches y su padre estaba muy cansado. Pero Ronald debía alimentar a su numerosa familia, y apro-
vechaba cualquier ocasión para incrementar su sueldo: la corrección de exámenes, una labor sumamente
fastidiosa, era uno de los extras que se veía obligado
a aceptar. Además, la familia no tardaría en mudarse.
Cuando llegaron a Oxford en 1925, compraron una
casa en el número 22 de Northmoor Road, pero con
el nacimiento de Priscilla, aquel alojamiento se quedó

---

[1] J. R. R. Tolkien, *El Hobbit*, c. 1, Minotauro, Barcelona 1982, p. 9.

pequeño. Por suerte, los vecinos del número 20 estaban a punto de irse, y Ronald se ofreció a comprar su enorme casa. La vivienda tenía seis dormitorios, un amplio jardín (a Edith y Ronald les encantaba la jardinería) y un cobertizo para guardar la jaula de Edith con sus periquitos y sus canarios. Pero para eso hacía falta dinero, suspiró Tolkien para sus adentros antes de retomar el trabajo. El profesor tomó el siguiente examen del montón, y se sorprendió al encontrarse con un folio en blanco. El estudiante no debía de estar muy inspirado, a menos que se tratara de un error. Tolkien, que odiaba el despilfarro, solía guardar los papeles usados para escribir o dibujar. De forma un poco mecánica, escribió en la hoja:

«En un agujero en el suelo, vivía un hobbit»[2].

Después siguió corrigiendo los exámenes. El papel en que escribió aquella frase enigmática se unió al conjunto de notas y manuscritos que Tolkien empezaba y nunca terminaba.

Oxford, primavera de 1930

—Papá, por favor, cuéntanos un cuento antes de dormir –suplicaron Michael y Christopher.

Su hermano mayor, John, fingía desinterés, pero también él era todo oídos.

---

[2] *Ibídem.*

—Está bien... –suspiró Tolkien con resignación, aunque en el fondo le encantaba inventarse historias para sus hijos.

Esa tarde había encontrado por casualidad la línea que escribió unos meses antes, y aquella frase había empezado a estimular su imaginación. Así que dijo:

—«En un agujero en el suelo, vivía un hobbit»[3].

—¿Qué es un hobbit? –preguntó Michael.

Ronald esperaba aquella pregunta. Respondió con seguridad:

—«Son (o fueron) gente menuda de la mitad de nuestra talla, y más pequeños que los enanos barbados. Los hobbits no tienen barba»[4].

—¿Son seres mágicos, como las hadas o los duendes? –le interrumpió Christopher.

—No, «hay poca o ninguna magia en ellos, excepto esa común y cotidiana que los ayuda a desaparecer en silencio y rápidamente, cuando gente grande y estúpida como vosotros o yo se acerca sin mirar por dónde va, con un ruido de elefantes que puede oírse a una milla de distancia»[5].

—¿Cómo van vestidos?

—«Visten de colores brillantes (sobre todo verde y amarillo), y no usan zapatos»[6]...

—¿Por qué? ¿Porque son pobres?

---

[3] *Ibídem.*
[4] *Ibídem*, p. 10.
[5] *Ibídem.*
[6] *Ibídem.*

—¡No! Es porque tienen en los pies «suelas naturales de piel y un pelo espeso y tibio de color castaño, como el que les crece en las cabezas (que es rizado); los dedos son largos, mañosos y morenos, los rostros afables, y se ríen con profundas y jugosas risas (especialmente después de cenar)»[7]...

En los días y las semanas siguientes, y para alegría de sus hijos, Ronald desarrolló su historia: Bilbo (que es como se llamaba el hobbit), acompañado del mago Gandalf y de trece enanos, emprende, a su pesar, la búsqueda de un tesoro. Al término de un largo y peligroso viaje en el que están a punto de ser devorados por trolls, capturados por elfos, atrapados por arañas gigantes, ahogados en barriles y cosas peores, el hobbit y los enanos llegan a la Montaña Solitaria. En el centro de la montaña habita el dragón Smaug, que custodia un inmenso tesoro robado en su día a los enanos. Estos desean recuperar su propiedad, y cuentan con el ingenio del hobbit para conseguirlo. Por el camino, Bilbo encuentra en una cueva un anillo mágico que hace invisible al que lo lleva. Dicho anillo lo perdió una extraña criatura llamada Gollum...

Sus hijos estaban tan entusiasmados con la historia que Tolkien decidió ponerla por escrito. Cuando terminó el manuscrito, a finales de 1932, leyó algunos pasajes a su amigo C. S. Lewis, que quedó encantado.

—Deberías publicarlo –le dijo.

---

[7] *Ibídem.*

Oxford, principios de 1936

Elaine Griffith, antigua alumna de Tolkien, seguía siendo una amiga de la familia. La editorial Allen & Unwin la había contratado para preparar la reedición de una traducción modernizada y en prosa del *Beowulf*. Aquel día había ido a ver a Tolkien para que le aclarase algunos detalles relativos al manuscrito anglosajón. En el despacho del profesor, encima de un mueble, la mirada de la joven se detuvo en el título de un manuscrito.

—*El Hobbit* –leyó–. ¿Qué es esto?

—¿Eso? –rió Tolkien–. Es solo una historia que he escrito para mis hijos.

—¿Podría leerla? –preguntó Elaine.

—Por qué no. Si te divierte... Ya me dirás qué te parece.

Unos días después, Elaine Griffith se reunió con su amiga Susan Dagnall en las oficinas de Allen & Unwin. Ambas se conocían bien porque habían estudiado juntas en Oxford. En aquel momento, Susan trabajaba para la editorial.

—Acabo de terminar la lectura de un manuscrito –dijo Elaine–, una novela juvenil escrita por el profesor Tolkien. Debo reconocer que me ha encantado.

—¿Y de qué trata? –preguntó Susan.

Elaine le resumió el argumento en pocas palabras.

—La historia es apasionante. Ahora mismo, mis jefes están buscando novelas de calidad para niños. ¿Tú crees que el profesor me dejaría leer su manuscrito?

—¿Por qué no? Podrías pedírselo de mi parte.

Ronald recibió a Susan Dagnall y accedió a entregarle su manuscrito. Después de leerlo, Susan Dagnall se lo pasó a su jefe, Stanley Unwin.

—Los mejores jueces de los libros infantiles son los propios niños –dijo el editor—. Voy a dejarle la novela a mi hijo Rayner. A ver qué le parece.

Rayner, que tenía diez años, se tomó su trabajo muy en serio. Después de leer *El Hobbit* redactó un informe para su padre, asegurándole que la novela era muy buena y que gustaría a todos los niños.

El Hobbit se publicó el 21 de septiembre de 1937, ilustrado con un mapa y ocho dibujos en blanco y negro del propio Tolkien. C. S. Lewis escribió una crítica elogiosa en el periódico *The Times*. El libro tuvo un éxito inmediato: en la Navidad de 1937, la primera edición ya se había agotado. Allen & Unwin hicieron una reimpresión de la obra, esta vez con ilustraciones en color. La edición americana, que se publicó unos meses más tarde, recibió el premio al mejor libro infantil del *New York Herald Tribune,* un famoso periódico de Nueva York.

Convencido de haber encontrado una mina de oro, Stanley Unwin pidió a Tolkien que escribiera una continuación de *El Hobbit.* Entretanto, le rogó que le dejase otros manuscritos. Ronald envió a la editorial todos los cuentos que había escrito para sus hijos: *Roverandom, El señor Bliss* –un cuento inspirado en los problemas que tenía con su coche (Tolkien odiaba conducir...)–, *Egidio, el granjero de Ham* (la historia de un granjero que domestica a un terrible y divertido dragón...). Pero no había ningún hobbit en aquellos cuentos, y Unwin los rechazó.

Tolkien decidió probar suerte con sus escritos más personales, es decir, los fragmentos de su mitología, como *Beren y Lúthien*. Pero el lector encargado de juzgar el texto dijo que los «nombres celtas» podían desconcertar a los lectores anglosajones.

Tolkien, que era un purista en materia de lenguas, se quedó sorprendido y muy disgustado al conocer aquella opinión tan burda. Explicó a Unwin que ni la historia ni los nombres propios tenían nada de celta. Aun así, el editor rechazó educadamente el texto, e insistió en que Ronald escribiera una secuela «con hobbits».

El Hobbit tuvo tanto éxito que la editorial Allen & Unwin vendió los derechos de traducción a numerosos países. En julio de 1938, también Alemania quiso traducir *El Hobbit*. Sin embargo, en virtud de las leyes racistas promulgadas por Hitler, canciller desde 1933, existía una severa condición a la que todos los autores debían someterse.

—¿Te das cuenta? –exclamó Ronald, enseñando a Edith la carta de la editorial alemana Rütten & Loening, que Unwin acababa de entregarle–. ¡Esta gente me está preguntando si soy «ario»! ¿Será porque mi apellido es de origen alemán[8], o es que le piden a todo el mundo un certificado de pureza de sangre?

Tolkien temblaba de cólera.

—Voy a escribir un mensaje muy claro a esta gente y le pediré a Stanley que se lo haga llegar. Lamentaría profundamente dar a entender que suscribo la doctrina racial, que es totalmente perniciosa y acientífica. No me importa que eso implique quedarme sin la traducción alemana.

Tolkien se instaló inmediatamente en su escritorio y escribió que lamentaba no poder contar con ningún judío entre sus antepasados. Que era inglés, lo que debería bastar, y que tenía por costumbre sentirse orgulloso de su apellido germánico. Pero que, con exigencias tan impertinentes, tener un apellido alemán dejaría de ser motivo de orgullo.

A propósito de Hitler, Tolkien, años más tarde, confesó por escrito a su hijo Michael el rencor que le inspiraba el canciller alemán. Le consideraba un ignorante que había pervertido y hecho odiosa la hermosa cultura nórdica que él siempre había admirado.

---

[8] Tolkien es un apellido de origen alemán (sajón), una adaptación de Tollkiehn. Los antepasados paternos de Ronald habían emigrado a Inglaterra hacía doscientos años.

Capítulo 3

La lenta elaboración de una obra maestra

«Un Anillo para gobernarlos a todos. Un Anillo para encontrarlos, un Anillo para atraerlos a todos y atarlos en las tinieblas»[1].

En 1938, Tolkien se propuso escribir otra novela con hobbits. ¿Pero cómo abordarla? Le parecía que las aventuras de Bilbo ya habían llegado a su fin. Después de varias semanas de reflexión, se le ocurrió introducir otro hobbit (que sería el hijo o el sobrino de Bilbo) y retomar el tema del anillo, con la intervención de un misterioso Señor Oscuro que aún no sabía cómo encajar. Ronald envió un capítulo a Stanley Unwin, el cual se lo hizo leer a su hijo Rayner. Al niño le pareció muy bueno, de modo que Tolkien se animó a continuar.

Pero la vida seguía su curso con sus propias preocupaciones: a Christopher le diagnosticaron un problema en el corazón, tuvo que guardar cama durante

---

[1] J. R. R. TOLKIEN, *El Señor de los Anillos, I. La Comunidad del Anillo*, lib. 1, c. 2, Minotauro, Barcelona 1986, p. 58.

meses y su padre permaneció a su lado lo más posible. Ronald también tenía clases que preparar, exámenes que supervisar, tareas administrativas, investigaciones para sus trabajos universitarios... Esperó al verano para seguir trabajando en su novela mientras estaba de vacaciones con su familia en Sidmouth, una ciudad costera al suroeste de Inglaterra.

Fue allí donde tuvo la idea de un Anillo Único que controlara a todos los demás y constituyese la fuente del poder de Sauron, el Señor Oscuro. A Ronald se le ocurrió también el título del libro: *El Señor de los Anillos*. En cuanto a los hobbits –que, unos años antes, nacieron de su pluma por casualidad, y a los que le costó encajar en su mitología–, comprendió por fin cuál sería su papel: representar a la gente valerosa de la campiña inglesa. Los hobbits eran un homenaje a los campesinos, obreros y artesanos de Sarehole entre los que Ronald se había criado. El propio Tolkien se veía a sí mismo como un hobbit –salvo por su estatura–, porque le gustaban los jardines, la naturaleza, las comidas sencillas, las setas y los chalecos bordados, le encantaba acostarse y levantarse tarde y casi nunca viajaba.

A principios de 1939, Tolkien leyó varios capítulos de su nueva novela a sus amigos los Inklings. La historia les gustó, aunque algunos reprocharon al autor su «estilo excesivamente arcaico». Efectivamente, rompiendo con el tono más sencillo y un poco paternalista de *El Hobbit,* Tolkien escribía ahora con un estilo que, en su opinión, se adaptaba mejor a un universo de aventuras heroicas y grandiosas, más cercano a su *legendarium*. Aquello desconcertó un poco a sus amigos.

—¿En quién te inspiraste para crear a Sauron, el villano de la historia, con su ejército de orcos y demonios? ¿En Hitler o en Stalin?

—¡En ninguno de los dos! –exclamó Tolkien–. Ya sabes que no soporto las alegorías. Mis historias no hacen alusión a ningún acontecimiento de la vida real.

—Es cierto –suspiró C. S. Lewis–. Ahora mismo son los acontecimientos de la vida real los que empiezan a parecerse a tus historias.

Así era. El 1 de septiembre de 1939, Alemania invadió Polonia, lo que supuso el comienzo de la Segunda Guerra Mundial.

Capítulo 4
Hoja de Niggle

«Niggle era pintor. No muy famoso, en parte porque tenía otras muchas cosas que atender [...]. Y existían además otros obstáculos. Algunas veces se sentía un tanto perezoso y no hacía nada»[1].

La guerra sorprendió a John Tolkien, de veintidós años, en Roma, donde estaba estudiando para hacerse sacerdote. Para Ronald fue un gran motivo de orgullo y alegría que su hijo mayor abrazase la carrera eclesiástica. Como la Italia de Mussolini se había aliado con la Alemania de Hitler, los seminaristas británicos presentes en el Vaticano tuvieron que ser repatriados a Lancashire.

Michael, que tenía diecinueve años, estaba estudiando en Oxford, en el Trinity College. En 1940 se alistó como artillero antiaéreo y combatió en suelo británico.

Christopher retomó sus estudios después de sus problemas de salud. Estudió un año en el Trinity College antes de alistarse, en julio de 1943, en la Royal

---

[1] J. R. R. TOLKIEN, «Hoja de Niggle», en *Egidio, el grajero de Ham. Hoja de Niggle. El herrero de Wootton Mayor*, Minotauro, Barcelona 1986, p. 83.

Air Force. Aquello supuso un gran disgusto para su padre, que odiaba los aviones de guerra.

Obviamente Tolkien, que tenía cuarenta y siete años al principio de la guerra, era demasiado mayor para entrar en combate. No obstante, participó a su manera en la defensa del país. Winston Churchill, que temía una invasión alemana tras la derrota del cuerpo expedicionario británico en suelo francés en mayo de 1940, organizó a la población civil para la defensa del país. Londres y las principales ciudades inglesas eran el objetivo de los bombardeos, y los ciudadanos hacían guardia para avisar de la llegada de los aviones. Ronald participaba en dichas guardias. Por suerte, Oxford no fue bombardeada, a diferencia de Birmingham. En un viaje que hizo a la ciudad de su juventud para asistir a una reunión de antiguos alumnos del King Edward's School, Tolkien fue testigo de la destrucción causada por el enemigo.

La guerra transformó por completo la vida cotidiana de los ingleses. Como escaseaban los productos de primera necesidad, los Tolkien empezaron a criar gallinas en su jardín. El huerto resultó ser un recurso inestimable. Asimismo, la familia se vio obligada a acoger durante un tiempo a los refugiados evacuados de los bombardeos.

En Oxford, los estudiantes fueron sustituidos en gran medida por jóvenes suboficiales en formación. Ronald tuvo que adaptar sus clases a las necesidades del nuevo público.

Mientras tanto, Tolkien seguía escribiendo *El Señor de los Anillos,* aunque su redacción se veía sujeta a altibajos. En 1942, Stanley Unwin le informó de que el almacén de la editorial había sido bombardeado, y que todos los ejemplares de *El Hobbit* se habían quemado. Aun así –decía Unwin–, la librería Foyle's pensaba reeditarlo en una colección para niños. Unwin aprovechó la ocasión para preguntar al autor cómo iba la secuela del libro. Ronald le contestó que estaba trabajando en ella durante el breve tiempo que le dejaban sus numerosas ocupaciones, y que pronto la terminaría: iba por el capítulo treinta y uno, y solo le quedaban seis capítulos más para acabar.

En aquel momento aún no sabía que le faltaban más de treinta capítulos para llegar al final.

Tolkien era consciente de que su carácter perfeccionista, por no decir quisquilloso, era el mayor obstáculo para el progreso de su obra, ya fuera literaria o filológica. Siempre se tomaba un tiempo infinito antes de publicar: quería que todo estuviera perfecto y comprobaba hasta la extenuación hasta el último detalle.

—Acabo de despertarme con una historia en la cabeza –dijo una mañana a su mujer–. Una historia inspirada en ese pobre árbol que nuestro vecino taló y que nadie, a excepción de mí y de algún búho, llorará.

—¿Y de qué trata la historia?

—Trata de un pintor llamado Niggle[2] que quiere pintar un árbol. Pero, como su propio nombre indica, es muy perfeccionista, por lo que pretende pintar cada hoja del árbol, así como el paisaje de alrededor. Sin embargo, se pierde tanto en los detalles que no consigue terminar su obra. Además, siempre le están interrumpiendo...

—Qué curioso –dijo Edith sonriendo–. Ese Niggle me recuerda a alguien...

Tolkien escribió *Hoja de Niggle* de un tirón en 1942 y lo publicó tres años más tarde en la revista irlandesa *The Dublin Review*. Hubo que esperar a 1962 para que la editorial Allen & Unwin reeditara el texto, junto al ensayo *Sobre los cuentos de hadas,* en un libro titulado *Árbol y hoja.*

A principios de 1944, Tolkien llevaba meses sin tocar *El Señor de los Anillos.* Fue su amigo C. S. Lewis quien le animó a continuar, decepcionado por no tener más noticias de Frodo y sus compañeros. Más tarde, en 1944, llegó la partida de su hijo Christopher a Sudáfrica: para Ronald fue una alegre sorpresa que su hijo partiese a la tierra que le había visto nacer. Pero también una angustia, porque era con Christopher con quien tenía una mayor afinidad literaria. Fue entonces cuando aprovechó para retomar la redacción de su novela. Durante los meses de 1944 y 1945

---

[2] *To niggle* en inglés significa «mostrarse quisquilloso, criticar a alguien por pequeños detalles o prestarles una atención exagerada».

que duró su separación, escribió docenas de cartas a Christopher, en las que le hablaba no solo de las novedades de la casa, sino también del progreso de *El Señor de los Anillos*. Le enviaba copias del manuscrito en proceso de redacción, y no dudaba en pedirle su opinión sobre alguna peripecia en concreto, o sobre el nombre de algún personaje.

Capítulo 5
Un parto difícil

Un monstruo fuera de control...

Para Inglaterra, la Segunda Guerra Mundial terminó el 9 de mayo de 1945. En el otoño de ese mismo
año, Tolkien fue nombrado catedrático de lengua y
literatura inglesa en el Merton College de Oxford.
Después de la guerra, la familia se dispersó. John, que
se había hecho sacerdote, se hizo cargo de una parroquia
en las Midlands. Michael se casó, tuvo un hijo y empezó
a dar clases en un instituto. Christopher retomó sus estudios en la Universidad de Oxford, donde se beneficiaba
de un alojamiento para estudiantes. Solo Priscilla seguía
estudiando y viviendo con sus padres. La casa de Northmoor Road resultaba demasiado grande y su mantenimiento, muy caro, por lo que los Tolkien se trasladaron
a una vivienda alquilada en el Merton College.

Oxford, otoño de 1949

—Querido Ronald —dijo el padre Mathew—, tengo el placer de presentarte a uno de tus admiradores,
Milton Waldman. El señor Waldman trabaja para la
editorial Collins de Londres.

—Encantado —dijo Tolkien, estrechando la mano de su interlocutor.

—Me gustó mucho *El Hobbit* —dijo Waldman—, y he oído que está trabajando en otro manuscrito. Sé que su editorial es Allen & Unwin, pero si tiene algo que ellos no quieran publicar, Collins lo aceptaría con gusto.

—Efectivamente, he escrito un gran fresco legendario que mi editor ha rechazado. No lo he terminado del todo, pero podría dejarle leer algunos fragmentos.

—¿Cómo se llama?

—*El Silmarillion.* El libro trata de la creación del mundo a partir de la música de los Ainur. A continuación se narra la historia de los Primeros Nacidos, los elfos inmortales, y de sus sucesores, los hombres, cuyo destino es ser mortales. El punto de vista general no es el de los hombres, sino el de los elfos, y en esto, las leyendas de *El Silmarillion* difieren de todos los equivalentes que conozco.

—¿Por qué se titula así, *El Silmarillion?*

—Fëanor, el más dotado de los elfos, creó tres joyas, los Silmarils. Estas joyas contenían la luz de los Dos Árboles que Morgoth, el Negro Enemigo del Mundo, taló por pura maldad. Morgoth tomó los Silmarils y los guardó en su fortaleza. Los elfos intentaron recuperar las joyas y esto desencadenó la primera guerra... Podría hablar del libro durante horas, pero si le interesa, lo mejor es que lo lea.

—Será un placer. También me han hablado de una secuela de *El Hobbit.* ¿La ha terminado?

—¿El Señor de los Anillos? Sí. Terminé el primer borrador hace dos años, pero me he pasado los últimos meses corrigiendo el texto. He introducido muchos cambios, pero creo que ya está listo para publicarse.

—¿Es largo?

—Más de mil páginas. Y *El Silmarillion* tendrá más o menos las mismas.

—¡Dos mil páginas! Ya era difícil publicar libros largos antes de la guerra, pero ahora, con la escasez y el encarecimiento del papel, es prácticamente imposible. Sin embargo, como usted sabe, Collins posee una fábrica de papel, lo que podría facilitar el proceso. ¿Le importaría dejarme *El Señor de los Anillos?* A menos que tenga un compromiso moral o legal con Allen & Unwin...

—Un compromiso legal, no, porque no hemos firmado ningún contrato. Pero moral, sí. Tengo una relación de amistad con Stanley Unwin, y sobre todo con su hijo, Rayner. Fue este último quien, cuando era niño, leyó *El Hobbit,* y quien, gracias a su opinión positiva, animó a su padre a publicarlo. Hace dos años dejé leer el manuscrito de *El Señor de los Anillos* a Rayner y le gustó. Así que tengo al menos la obligación moral de explicarles la situación. Aunque sospecho que Stanley Unwin preferiría no publicarlo.

Después de leer los dos manuscritos, Waldman animó a Tolkien a terminar *El Silmarillion* y le aseguró que su jefe estaba dispuesto a aceptar ambos manuscritos.

Ronald, por su parte, escribió a Stanley Unwin para decirle que había terminado *El Señor de los Anillos*. Pero hizo todo lo posible para disuadir al editor de la publicación del libro, que describió como un monstruo que se le había ido de las manos: la novela no era una secuela de *El Hobbit*, era demasiado larga, compleja, terrorífica... En resumen, no era en absoluto para niños, y puede que ni siquiera para adultos.

Concluía diciendo que *El Señor de los Anillos* estaba ligado de manera indisoluble a *El Silmarillion*, y que deseaba publicarlos juntos.

Stanley Unwin envió la carta a Rayner, que por aquel entonces estaba estudiando en la Universidad de Harvard, en Estados Unidos. Su hijo le respondió que *El Señor de los Anillos* era un libro grandioso que merecía publicarse, pero que desaconsejaba publicar *El Silmarillion*.

Stanley remitió la carta de Rayner a Tolkien. Este último, muy ofendido, respondió con un ultimátum: o la editorial aceptaba *El Silmarillion* y *El Señor de los Anillos*, o no tendría ninguno de los dos. Unwin, a su pesar, se negó. Tolkien quedó encantado con la respuesta, que le dejaba las manos libres para aceptar la propuesta de Waldman.

Sin embargo, dos años después, en marzo de 1952, aún no había firmado ningún contrato con Collins: Waldman había partido unos meses a la India y luego a Italia, y su jefe se encontraba en Sudáfrica. En cualquier caso, Ronald, que estaba ocupado con sus viajes a Irlanda y Bélgica –donde fue recibido con entusiasmo como autor de *El Hobbit*– y con sus labores administrativas y académicas, aún no había conseguido terminar *El Silmarillion*. Aun así, escribió con impaciencia a la editorial Collins que, si no publicaba *El Señor de los Anillos* de inmediato, retiraría su manuscrito. Asustados por la extensión de la novela, los editores de Collins decidieron renunciar. De pronto, Tolkien se quedó sin editor.

Por suerte, en junio de 1952, Rayner Unwin –que ahora trabajaba en la editorial de su padre– envió a Ronald una carta amistosa en la que, después de informarle de su reciente matrimonio, le preguntaba cómo iba la publicación de *El Señor de los Anillos* y *El Silmarillion*. Tolkien aprovechó la ocasión para limar asperezas. En primer lugar felicitó al joven por su boda, antes de confesarle que sus dos novelas se encontraban en el mismo punto: una terminada, la otra sin terminar, pero ambas sin editor. Como prefería tener una sola novela publicada antes que ninguna, reconoció su error y le preguntó a Rayner si aún se podía hacer algo. El 1 de julio, Rayner comunicó a Tolkien que su editorial deseaba publicar *El Señor de los Anillos,* y le pidió que le enviara una versión mecanografiada de la obra. Como el autor era reacio a confiar al correo su preciado manuscrito, fue el propio Rayner quien, el 19 de septiembre, se trasladó a Oxford a recoger la copia de *El Señor de los Anillos*.

Allen & Unwin decidió dividir la novela en tres volúmenes, con el fin de vender cada uno a un precio asequible. Ronald debía someter su texto a una última revisión, dibujar los mapas de la Tierra Media, redactar un prólogo y unos apéndices que irían al final de cada volumen, y entregarlo todo a los editores antes del 25 de marzo de 1953. Sin embargo, los problemas de salud de Edith, y después del propio Ronald, así como una nueva mudanza, retrasaron estas últimas adiciones y correcciones. Estaba también la cuestión de los títulos de cada volumen: Tolkien no estaba de acuerdo con los que proponía Rayner. Christopher contribuyó a la edición rediseñando los mapas. Después hubo que releer y corregir las pruebas de imprenta...

Por fin, el primer libro de *El Señor de los Anillos*, titulado *La Comunidad del Anillo*, se publicó en el verano de 1954, dieciséis años después de la redacción del capítulo 1.

Capítulo 6
La fama

«La publicación me está asustando, porque será imposible no tener en cuenta lo que se diga. He expuesto mi corazón para que se le dispare»[1].

Tolkien aguardaba con impaciencia las críticas que acompañarían a la publicación de su libro. Había puesto tanto de sí mismo en aquella obra... Le había dedicado tanto tiempo y esfuerzo...

Su amigo C. S. Lewis escribió sobre *El Señor de los Anillos* un artículo ditirámbico[2]: «Este libro es como un relámpago en un cielo sereno...». Pero no todos los críticos se mostraron tan entusiastas. A algunos no les gustaba el estilo: «El autor alterna el prerrafaelismo con el estilo *boy scout*» *(The Daily Telegraph)*. Otros le reprochaban su falta de profundidad humana: los buenos eran demasiado buenos, los malos demasiado malos. El *Sunday Time* destacaba dos defectos: «Ningún espíritu religioso de ningún tipo y, moralmente hablando, ninguna mujer». Aun así, las críticas fueron

---

[1] J. R. R. TOLKIEN, «Carta 142. A Robert Murray SJ», 2 de diciembre de 1953, en *Cartas,* Minotauro, Barcelona 1993.

[2] «Ditirámbico»: elogioso, de un entusiasmo casi exagerado.

en general favorables, y destacaron la «fascinación innegable» que suscitaba el libro y «la fuerza del relato y de las descripciones». La primera edición, de tres mil quinientos ejemplares, se agotó en seis semanas y hubo que reimprimirla.

En noviembre de 1954 apareció el segundo volumen, titulado *Las Dos Torres,* y las críticas fueron bastante buenas. Como Tolkien había dejado a Frodo, al final del volumen dos, encerrado en una torre, los lectores esperaban el tercer libro con impaciencia: «Tanto suspense es una crueldad», podía leerse en el *Illustrated London News.*

La editorial estadounidense Houghton Mifflin publicó *La Comunidad del Anillo* en octubre de 1954, y *Las Dos Torres* poco después. El crítico literario de *The New York Times* escribió: «Hacía cinco años que no leía una novela que me proporcionara tanto placer».

Por fin, en octubre de 1955, apareció el volumen tres, *El Retorno del Rey,* que, una vez más, suscitó críticas elogiosas por parte de C. S. Lewis. El crítico W. H. Auden[3] escribió que los lectores se dividían en dos grupos: los que, como él, consideraban *El Señor de los Anillos* una obra maestra del género, y los que no podían soportarlo.

---

[3] W. H. Auden (1907-1973) fue un escritor, poeta, dramaturgo, crítico y profesor de poesía en la Universidad de Oxford de 1956 a 1961. Escribió críticas entusiastas de *El Señor de los Anillos* y mantuvo una correspondencia regular con Tolkien, del que fue alumno.

Tolkien estaba deseando conocer la reacción de sus colegas, los profesores de la Universidad de Oxford. Que un profesor serio de una asignatura tan exigente como la filología se animara a escribir una novela de fantasía, un género considerado menor, siempre daba que hablar. «Ahora sabrán en qué he estado perdiendo el tiempo los últimos veinte años», escribió con ironía a Anne Barrett, su editora americana.

El Señor de los Anillos no tardó en traducirse a varios idiomas. Ronald, que era un filólogo exigente, insistía siempre en revisar la traducción. Estaba disgustado con la versión sueca de *El Hobbit* que, en su opinión, se había tomado demasiadas libertades respecto al texto original.

Después de la publicación de los tres volúmenes de *El Señor de los Anillos* y del éxito de la obra, Tolkien confiaba en publicar *El Silmarillion*. Sin embargo, aún no había podido terminarla. Además de su trabajo universitario, en los años siguientes estuvo ocupado manteniendo correspondencia con sus lectores. En efecto, no tardó en recibir un aluvión de cartas de admiradores, que le pedían detalles sobre tal o cual aspecto de la novela. Ronald respondía escrupulosamente a todas ellas, a veces por medio de cartas largas y detalladas.

El éxito le sorprendió, pero también le sorprendió el dinero que le reportaron los libros. A principios de 1956 recibió un cheque de 3 500 libras de su editor, más que su salario anual. Y esto no hizo más que aumentar con el paso del tiempo.

En 1958, la universidad católica americana Marquette le propuso comprar los manuscritos originales de sus obras por 1 500 libras. Tolkien aceptó. Por eso los manuscritos originales de *El Hobbit*, *El Señor de los Anillos*, *Egidio, el granjero de Ham* y *El señor Bliss*, entonces todavía inédito, se encuentran en Estados Unidos.

Las traducciones de su obra se vieron acompañadas de numerosas invitaciones internacionales. Tolkien solo aceptó una, en la primavera de 1958, a Holanda, donde fue recibido por su amigo el profesor Piet Harting, de la Universidad de Ámsterdam. Fue una recepción triunfal, que concluyó con una «cena hobbit» en la que el autor pronunció un divertido discurso al estilo de Bilbo, en inglés mezclado con holandés y lengua élfica.

Las ventas de *El Hobbit* y *El Señor de los Anillos* siguieron aumentando de manera constante. En 1965, los editores de Allen & Unwin descubrieron que una edición pirata de bolsillo, publicada por la editorial Ace Books, iba a salir a la venta en Estados Unidos sin autorización. Para contrarrestar, era necesario que Houghton Mifflin, el editor americano oficial, sacara rápidamente otra edición de bolsillo, con correcciones del propio autor, que le hiciera la competencia. Pero pedirle correcciones a Tolkien resultaba arriesgado: podía tardar meses en hacerlo o reescribir la novela por completo. Así que la edición pirata salió antes que la autorizada, y cuando esta última apareció, era más cara que la de Ace Books, que seguía vendiendo miles de ejemplares. Tolkien, que respondía regularmente a sus lectores y admiradores, empezó a añadir, en cada una de sus respuestas, una nota que decía que la edición de Ace Books era pirata y que no le daría ni un céntimo. Los lectores estadounidenses, así como el influyente sindicato de escritores de ciencia ficción, no tardaron en movilizarse para presionar a Ace Books. Finalmente llegaron a un acuerdo: Ace Books pagó a Tolkien los derechos de autor por todos los ejemplares vendidos y se comprometió a no reeditar el libro cuando se agotaran las existencias.

Sin embargo, esta «guerra en la Tierra Media», como la llamó un periodista, causó un gran revuelo y proporcionó una publicidad considerable a Tolkien y su obra. A partir de entonces, el mundo entero conoció *El Señor de los Anillos,* cuyos ejemplares vendidos no tardaron en superar el millón. Los estudiantes estadounidenses pensaban que era una obra emblemática y veían en ella un alegato contra la sociedad moderna. Por toda América surgieron «sociedades Tolkien», cuyos miembros se vestían como hobbits o elfos. Además, la obra de Tolkien llegó a las universidades, dando lugar a tesis, artículos y libros de crítica... Desde Estados Unidos, la «tolkienmanía» se extendió a otros países, y las ventas de los libros se multiplicaron. A finales de 1968 se habían vendido tres millones de ejemplares de *El Señor de los Anillos* en todo el mundo. El libro se había convertido en un *best-seller.*

A Tolkien le inquietaba tanto entusiasmo, que él calificaba de «culto deplorable». Perfectos desconocidos adquirieron la costumbre de acosarle, los periodistas acudían a entrevistarle y los admiradores organizaban peregrinaciones a su casa. Ser un objeto de culto en vida no era del gusto de Ronald. Se sentía incómodo, aunque se confesaba secretamente halagado por este reconocimiento.

Capítulo 7

La jubilación

«Me siento como un náufrago abandonado en una isla yerma bajo el cielo indiferente después del hundimiento de un gran barco»[1].

En 1959, Tolkien se jubiló de la universidad. Pensaba que así tendría más tiempo para escribir, sobre todo para terminar *El Silmarillion*. Pero pronto surgieron nuevas obligaciones. Su tía Jane, que por entonces tenía ochenta y siete años, le preguntó si podía publicar un libro sobre Tom Bombadil que pudiera regalarse a los niños. El personaje de Tom Bombadil, un hombre barbudo de rostro sonriente, vestido con una chaqueta azul, botas amarillas y tocado con un sombrero de pluma, se lo inspiró a Tolkien un muñeco de vivos colores que había pertenecido a sus hijos. Como de costumbre, Tolkien les contaba historias sobre este personaje, antes de incluirlo en dos poemas *(Las aventuras de Tom Bombadil,* escrito en 1931, y *El paseo en bote de Tom Bombadil),* así como en el primer libro de

[1] J. R. R. TOLKIEN, «Carta 332. A Michael Tolkien», 2 de diciembre de 1953, en *Cartas,* Minotauro, Barcelona 1993.

175

El Señor de los Anillos[2]. Allen & Unwin aceptó publicar estos poemas en 1964. Más tarde, Ronald escribió un relato breve algo melancólico, *El herrero de Wootton Mayor,* que apareció en Allen & Unwin en 1967.

Aunque abandonó sus tareas universitarias, Tolkien contrajo muchas obligaciones, en especial la publicación de textos en inglés antiguo o medieval (entre ellos, *Sir Gawain y el Caballero Verde,* que Allen & Unwin deseaba publicar). Todo esto, además del abundante correo de sus lectores, al que respondía religiosamente, le llevaba mucho tiempo.

C. S. Lewis falleció el 22 de noviembre de 1963. Los lazos de amistad que lo unían a Tolkien se habían debilitado un poco con el paso del tiempo y las circunstancias. En 1954, Lewis partió a la Universidad de Cambridge a ocupar una cátedra de literatura medieval y renacentista. En 1956 se casó con Joy Davidman, un matrimonio que escandalizó a Ronald, pues Joy estaba divorciada. Por último, Lewis era un autor rápido, prolífico y muy popular, tanto por sus novelas (entre 1950 y 1956 escribió los siete libros de *Las crónicas de Narnia,* que vendieron millones de ejemplares) como por sus ensayos y programas radiofónicos. A Ronald le molestaba ligeramente la fama un tanto ostentosa de Lewis. Pero la muerte de su amigo le afectó mucho.

---

[2] Ídem, *El Señor de los Anillos I. La Comunidad del Anillo,* lib. 1, cc. 6 y 7, Minotauro, Barcelona 1986: Tom Bombadil rescata a los hobbits Merry y Pippin, encerrados en el viejo Hombre-Sauce, antes de acoger a los viajeros en su casa.

John, párroco en Birmingham y después capellán en la Universidad de North Staffordshire, y Michael, profesor en las Midlands y padre de tres niños, no podían visitar a sus padres con frecuencia. Christopher y Priscilla, que vivían en Oxford, estaban más presentes, pero también ellos tenían sus obligaciones.

Como ya no estaba en activo, a Tolkien le molestaba vivir en las afueras y no poder frecuentar a sus compañeros tanto como antes. Además, el estado de salud de Edith empeoraba: tenía dificultades para caminar y sufría problemas digestivos. La vida social de la pareja se reducía a la visita de sus hijos y de los antiguos compañeros o alumnos de Tolkien.

En marzo de 1966, la familia organizó una gran fiesta para las bodas de oro de Edith y Ronald.

—Querida —le dijo Ronald a su esposa—, ahora que estoy jubilado y que nuestros hijos son adultos y tienen su propia familia, estaría bien que pensáramos un poco en nosotros. Y, sobre todo, que yo pensara un poco en ti. En los últimos cincuenta años no he hecho más que imponerte dónde y cómo debemos vivir...

—¡Veintidós mudanzas en dos años durante la guerra! —le recordó Edith, sonriendo.

—Y también después, en función de mi trabajo.

—Sí, me gustaba mucho Leeds... —suspiró su mujer.

—Mientras que, en Oxford, tenías pocos amigos.

—Todos los profesores y sus mujeres eran tan arrogantes, tan intelectuales...

—Sí, es verdad —dijo Tolkien, sacudiendo la cabeza—. Sé que a veces te he descuidado un poco. Entre mis amigos, las cenas con los compañeros, las conferencias, los círculos literarios, nunca estaba en casa.

—Bueno, tenía a los niños. He llevado una vida plena y feliz gracias a nuestra familia.

—Ahora mismo no hay nada que nos retenga en Oxford —dijo Ronald—. Y desde que se supone que soy famoso (algo a lo que nunca me acostumbraré), no dejan de molestarnos. ¿Por qué no nos vamos a un sitio tranquilo, lejos del ruido y de la prensa? ¿Un rincón que sea de tu agrado?

Edith sonrió y estrechó la mano de su marido.

—Lo he pensado —dijo—. Y hay un lugar donde me gustaría vivir. Es un rincón donde hemos ido varias veces de vacaciones y donde me gustaría pasar el resto de mi vida.

—¿Cuál?

—Bournemouth[3]. ¿Recuerdas los momentos tan deliciosos que pasamos en el hotel Miramar? ¿Y las casas que tanto nos gustaban? ¿Crees que podríamos comprar una?

—Con el dinero de *El Hobbit* y *El Señor de los Anillos*, yo creo que podríamos permitirnos ese capricho.

En julio de 1967, los Tolkien pasaron unas semanas en el hotel Miramar de Bournemouth y compraron un

---

[3] Bournemouth es una ciudad turística al sur de Inglaterra. Es famosa por su gran playa y su largo muelle que se adentra en el mar, donde se pueden encontrar bares y atracciones veraniegas.

bungaló con jardín y vistas al mar. Debían mudarse allí a finales de junio de 1968, pero el traslado se complicó por culpa de un accidente. En efecto, Tolkien se cayó por las escaleras y se rompió una pierna: hospitalización, muletas... En Bournemouth, Ronald podía escapar de sus admiradores más insistentes, pues solo había comunicado su dirección a un círculo restringido de amigos y familiares. Para ponerse en contacto con él, los demás solo disponían de la dirección de su editorial, Allen & Unwin, que filtraba su correspondencia.

Bournemouth, 29 de noviembre de 1971

Después de luchar con valentía contra la enfermedad, Edith falleció una mañana en brazos de su marido. Ronald se quedó destrozado. Por suerte, estaba rodeado de sus hijos y de numerosos amigos.

Edith fue enterrada en el cementerio de Wolvercote, a las afueras de Oxford. Un año más tarde, Ronald mandó erigir sobre su tumba una estela con la inscripción:

EDITH MARY TOLKIEN
LÚTHIEN
1889-1971

Ronald quiso que en la lápida figurase el nombre del elfo que le inspiró su esposa.

Capítulo 8
Las playas blancas

«Le pareció que [...] la cortina de lluvia gris se transformaba en plata y cristal, y que el velo se abría y ante él aparecían unas playas blancas, y más allá un país lejano y verde a la luz de un rápido amanecer»[1].

En 1972, Tolkien regresó a Oxford. El Merton College le proporcionó un apartamento amueblado compuesto de un gran salón, un dormitorio y un baño, a un precio muy razonable, con los servicios de un conserje y un ama de llaves.

En aquella época, y gracias a sus obras literarias, Ronald tenía cubiertas todas sus necesidades. Pero se mantenía fiel a sus costumbres ahorrativas aprendidas en su juventud y prefería llevar una vida sobria y sencilla. Además, con el objetivo de evitar los impuestos que se llevaban la mayor parte de sus ingresos literarios, pero sobre todo por amor paternal, repartió sus bienes entre sus hijos, compró una casa para cada uno e hizo importantes regalos a sus nietos. Por no hablar de sus donaciones a la parroquia.

---

[1] J. R. R. TOLKIEN, *El Señor de los Anillos III. El Retorno del Rey,* lib. 6, c. 9, Minotauro, Barcelona 1986, p. 1086.

Ya viudo, Tolkien retomó la vida universitaria de su juventud. Como residente de honor en el Merton College, almorzaba con sus compañeros (los *fellows*, o profesores de universidad). Disfrutaba de aquella atmósfera intelectual, aunque muchas veces se sentía solo.

En los meses siguientes, Ronald visitó con frecuencia a Christopher, a su mujer Baillie y a sus dos hijos, que residían en las afueras de Oxford. Pasó las vacaciones en Sidmouth en compañía de Priscilla y de su hijo Simon. Con John fue a ver a su hermano Hilary, que era propietario de un huerto en Eversham.

Tras la muerte de Stanley, Rayner Unwin sucedió a su padre al frente de la editorial Allen & Unwin. Tolkien lo consideraba un amigo más que un editor. El 27 de marzo de 1972, Rayner organizó una gran recepción en honor del autor que, al día siguiente, fue nombrado comendador de la Orden del Imperio Británico por parte de Isabel II. John y Priscilla estuvieron presentes en la ceremonia.

En junio de 1972, la Universidad de Oxford nombró a Tolkien doctor *honoris causa* por su contribución a la filología, algo que le llenó de orgullo.

Oxford, 1973

—¿Cómo han ido tus pruebas médicas, papá?

Ronald había tenido algunos problemas de salud después de la celebración de su 81 cumpleaños.

—Tranquilo, Christopher. Los resultados son bastante buenos. El médico me ha recomendado una especie de dieta y me prohíbe beber vino, pero por suerte aún puedo fumar y beber cerveza. Aun así, hoy me gustaría hablar contigo del destino de mis obras después de mi muerte. No, no protestes. Es necesario hablar de ello. ¡El tiempo pasa volando! Y parece que se acelera desde mi jubilación, y aún más desde la muerte de mi querida Edith. Yo, que pensaba que tendría todo el tiempo del mundo para acabar *El Silmarillion,* me doy cuenta de que aún estoy lejos de terminar. Ya conoces mi particular sentido de la organización... Este libro, que empecé en una cama de hospital en 1916, nunca me ha abandonado. Pero ahora se encuentra en un estado de confusión, porque lo he modificado, desarrollado y corregido mil veces. Por seguridad hice varias copias del manuscrito, pero luego corregí una copia sin pasar las correcciones a las demás, y ahora no sé por dónde voy. Con tu ayuda, pienso que podríamos publicar una parte.

—Papá, llevo leyendo tu obra desde que era niño. La conozco mejor que nadie. Haré todo lo posible para darle el honor que se merece, no te preocupes.

—En mi testamento te he nombrado mi albacea literario, con plenos poderes para la promoción de mi obra.

Para cambiar de aires, Tolkien iba de vez en cuando a pasar unos días a Bournemouth, al hotel Miramar, del que era cliente habitual. Allí se reunía con viejos amigos, sobre todo con Christopher Wiseman, que poseía una casa en Milford-on-Sea, otra ciudad costera.

El 28 de agosto de 1973, Tolkien fue a Bournemouth para asistir a la fiesta de cumpleaños de una amiga, la señora Tolhurst. En la noche del miércoles 29 al jueves 30 de agosto, sufrió unos dolores tan fuertes que la dirección del hotel ordenó que le trasladaran al hospital. Los médicos le diagnosticaron una úlcera gástrica abierta. Michael estaba en Suiza y Christopher, en Francia, pero John y Priscilla acudieron enseguida a atenderle. Por desgracia, el sábado se le declaró una infección en el pecho. El domingo, 2 de septiembre de 1973, Tolkien falleció a los ochenta y un años de edad.

Fue enterrado junto a su esposa en el cementerio de Wolvercote. A petición suya, sus hijos mandaron grabar en la lápida, debajo del epitafio de Edith, la siguiente inscripción:

JOHN RONALD REUEL TOLKIEN
BEREN
1892-1973

GENEALOGÍA SIMPLIFICADA

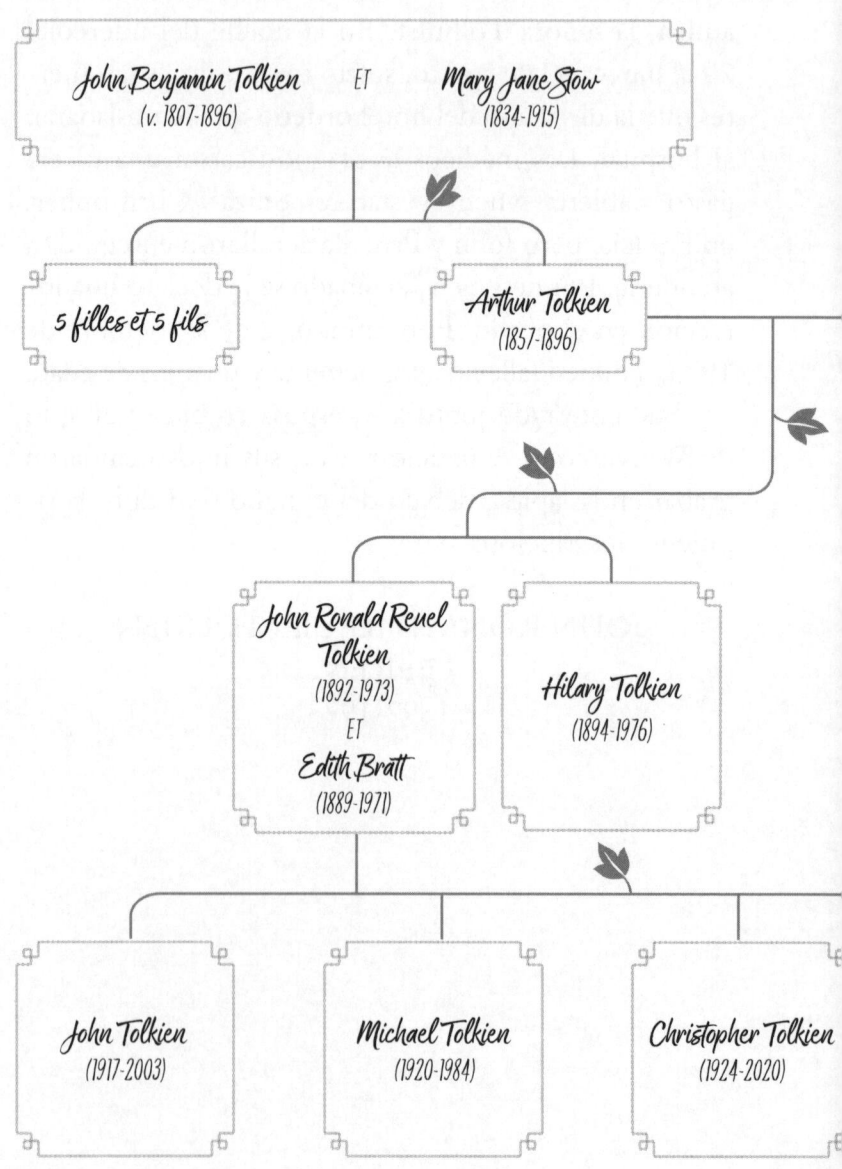

John Benjamin Tolkien (v. 1807-1896) ET Mary Jane Stow (1834-1915)

5 filles et 5 fils

Arthur Tolkien (1857-1896)

John Ronald Reuel Tolkien (1892-1973) ET Edith Bratt (1889-1971)

Hilary Tolkien (1894-1976)

John Tolkien (1917-2003)

Michael Tolkien (1920-1984)

Christopher Tolkien (1924-2020)

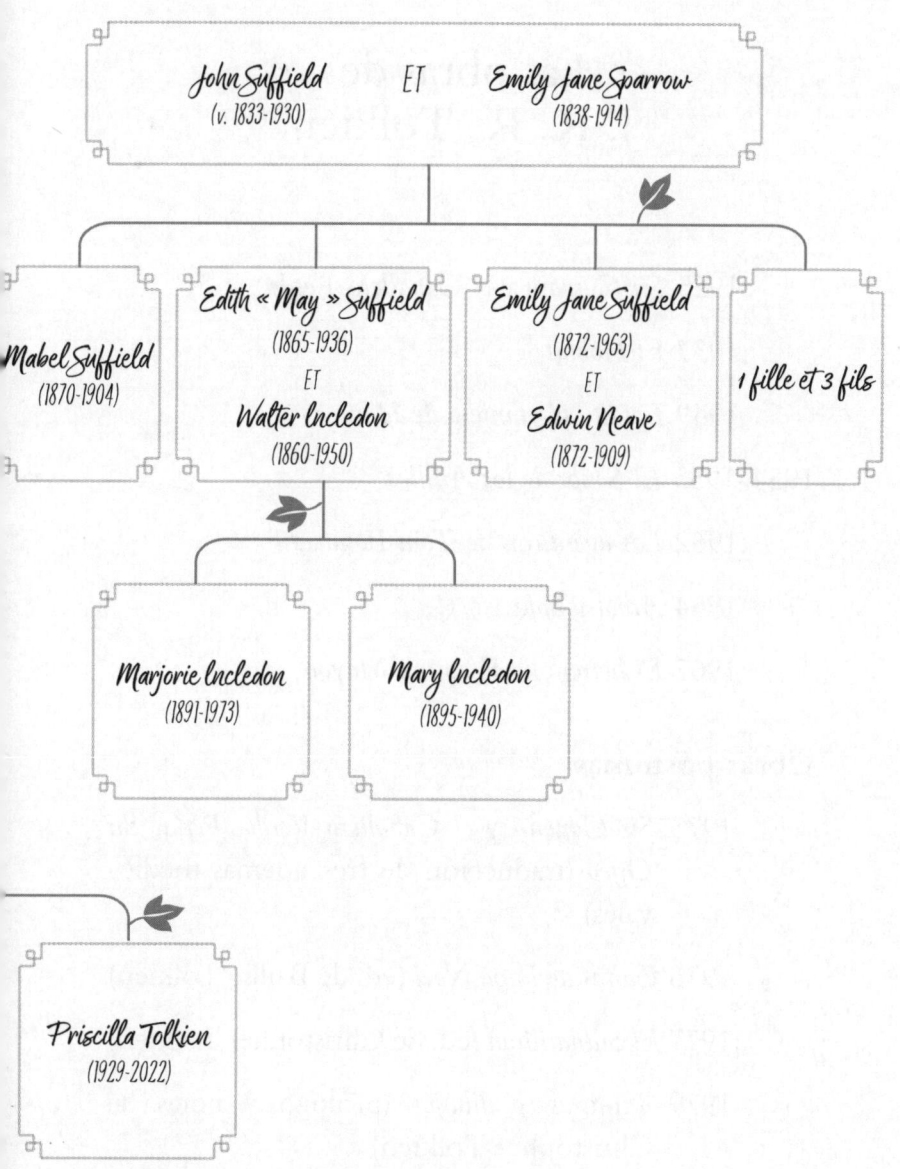

John Suffield
(v. 1833-1930)

ET

Emily Jane Sparrow
(1838-1914)

Mabel Suffield
(1870-1904)

Edith « May » Suffield
(1865-1936)
ET
Walter Incledon
(1860-1950)

Emily Jane Suffield
(1872-1963)
ET
Edwin Neave
(1872-1909)

1 fille et 3 fils

Marjorie Incledon
(1891-1973)

Mary Incledon
(1895-1940)

Priscilla Tolkien
(1929-2022)

Las obras de
J. R. R. Tolkien

1925 *Sir Gawain y el Caballero Verde*

1937 *El Hobbit*

1949 *Egidio, el granjero de Ham*

1954-1955 *El Señor de los Anillos*

1962 *Las aventuras de Tom Bombadil*

1964 *Árbol y hoja*

1967 *El herrero de Wootton Mayor*

Obras póstumas

1975 *Sir Gawain y el Caballero Verde. Perla. Sir Orfeo* (traducción de tres poemas medievales)

1976 *Cartas de Papá Noel* (ed. de Baillie Tolkien)

1977 *El Silmarillion* (ed. de Christopher Tolkien)

1979 *Pinturas y dibujos* (prólogo y notas de Christopher Tolkien)

1980 *Cuentos inconclusos* (ed. de Christopher Tolkien)

1981 *Cartas de J. R. R. Tolkien* (ed. de Humphrey Carpenter y Christopher Tolkien)

1982 *El señor Bliss*

1983-1984 *El libro de los cuentos perdidos*, vols. I y II (ed. de Christopher Tolkien); *Los monstruos y los críticos y otros ensayos* (colección de artículos y conferencias)

1983-1996 *Historia de la Tierra Media* (12 volúmenes)

1985 *Las baladas de Beleriand* (ed. de Christopher Tolkien)

1988-1990 *La historia de El Señor de los Anillos,* tomos I-III (ed. de Christopher Tolkien).

1992 *El fin de la Tercera Edad* (ed. de Christopher Tolkien)

1993 *El anillo de Morgoth* (ed. de Christopher Tolkien)

1994 *La guerra de las joyas* (ed. de Christopher Tolkien)

1996 *Los pueblos de la Tierra Media* (ed. de Christopher Tolkien)

1998 *Roverandom* (ed. de Christina Scull y Wayne G. Hammond)

Cronología comparada

Acontecimientos históricos	Año
	1892
	1895
	1896
	1900
Muerte de la reina Victoria. La sucede su hijo, Eduardo VII.	1901
	1903
	1904
	1905
Muerte de Eduardo VII. Le sucede su hijo, Jorge V.	1910
	1911
	1913
4 de agosto: Inglaterra declara la guerra a Alemania.	1914
	1915
	1916
	1917
11 de noviembre: armisticio entre los aliados (de los que forma parte Inglaterra) y Alemania.	1918

Vida de J. R. R. Tolkien

3 de enero: nacimiento de John Ronald Reuel Tolkien en Bloemfontein, Estado Libre de Orange.

En abril, Mabel y sus hijos regresan a Inglaterra. Arthur se queda en Sudáfrica.

15 de febrero: muerte de Arthur Tolkien.

Mabel se convierte al catolicismo con sus hijos. La familia se traslada a Moseley, a las afueras de Birmingham.

Ronald ingresa en el King Edward's School: allí estudia griego antiguo, inglés antiguo y medieval y literatura anglosajona.

A Mabel le diagnostican diabetes. Muere el 14 de noviembre, con 34 años. El padre Francis Morgan es nombrado tutor de los niños.

Ronald y Hilary viven con la señora Faulkner y conocen a Edith Bratt.

El padre Francis Morgan se entera de la amistad entre Ronald y Edith y piensa que esta distraerá a Ronald de sus estudios. Ronald y Hilary se trasladan y Edith parte a Cheltenham. En diciembre, Ronald obtiene una beca para entrar en el Exeter College (Universidad de Oxford).

Formación del T.C.B.S. En octubre, Ronald ingresa en Oxford.

3 de enero: Ronald cumple 21 años y reanuda su relación con Edith Bratt. Cambia de estudios en la universidad: lengua y literatura inglesa.

8 de enero: Edith se convierte al catolicismo y se promete a Ronald.

En verano, Ronald obtiene una matrícula de honor en su examen final. Se alista en los Fusileros de Lancashire y se entrena en el manejo de armas.

22 de marzo: Ronald se casa con Edith Bratt. En junio embarca a Francia. Sirve en el Somme como subteniente y oficial de transmisiones de su batallón. En noviembre contrae la «fiebre de las trincheras» y es repatriado a Inglaterra.

Enero y febrero: Ronald se recupera en Great Haywood, donde empieza a escribir *El libro de los cuentos perdidos*. Varias recaídas le obligan a regresar al hospital. En noviembre nace John, su hijo mayor.

El teniente Tolkien es destinado a Humber Garrison y Staffordshire. Al final de la guerra regresa a Oxford con su familia y colabora en el Oxford English Dictionary.

Acontecimientos históricos

Acontecimientos históricos	Año
	1920
	1921
	1922
	1924
	1925
	1926
	1929
	1930
Muerte de Jorge V. Le sucede su hijo mayor, Eduardo VIII, que abdica en diciembre en beneficio de su hermano, Jorge VI.	1936
	1937
3 de septiembre: Inglaterra y Francia declaran la guerra a Alemania.	1939
8 de mayo: rendición de Alemania.	1945
	1949
Muerte de Jorge VI. Le sucede su hija, Isabel II.	1952
	1959
	1965
	1971
	1972
	1973

Vida de J. R. R. Tolkien

Es nombrado profesor de lengua inglesa en la Universidad de Leeds. Nacimiento de Michael, su segundo hijo.

Edith y los niños se reúnen con Ronald en Leeds.

Tolkien trabaja con E. V. Gordon en una edición de *Sir Gawain y el Caballero Verde*.

Tolkien se convierte en catedrático de inglés en la Universidad de Leeds. 21 de noviembre: nacimiento de Christopher, su tercer hijo.

En verano, vacaciones de la familia en Filey: elaboración de *Roverandom*. En otoño, Tolkien consigue una cátedra de anglosajón en Oxford.

Tolkien se hace amigo de C. S. Lewis. Se funda el club de los *Coalbiters*.

18 de junio: nacimiento de Priscilla, hija de los Tolkien.

Ronald empieza a escribir *El Hobbit*.

Los editores Allen & Unwin aceptan el manuscrito de *El Hobbit*.

Allen & Unwin reclaman una secuela de *El Hobbit*. Tolkien comienza *El Señor de los Anillos*.

Conferencia sobre los cuentos de hadas en la Universidad de Saint Andrew. Charles Williams se une a los *Inklings*.

Tolkien es nombrado catedrático de lengua y literatura inglesa en el Merton College de Oxford.

Tolkien termina *El Señor de los Anillos*.

Propuesto primero a Collins, *El Señor de los Anillos* sale finalmente en Allen & Unwin.

Tolkien se jubila de la universidad.

Ace Books publica una edición pirata de *El Señor de los Anillos* en Estados Unidos. Comienza la «tolkienmanía».

Muerte de Edith a los 82 años.

Ronald regresa a Oxford, a un apartamento de Merton Street. Le conceden la Orden del Imperio Británico y el doctor *honoris causa* en Oxford.

2 de septiembre: muerte de J. R. R. Tolkien a los 81 años.

Christopher Tolkien
(1924-2020),
el continuador

El tercer hijo de J. R. R. Tolkien fue nombrado por su padre albacea literario, es decir, responsable de la defensa y la continuación de su obra pasada y futura. En 1975, Christopher renunció a su puesto de catedrático de inglés antiguo y medieval en la Universidad de Oxford para consagrarse por entero al legado literario de su padre. En 1996 fundó el Tolkien Estate, una empresa destinada a distribuir los derechos de autor entre los herederos (Christopher, Priscilla y los nietos y bisnietos del autor). En 2001, Christopher expresó sus reservas a propósito de las películas de Peter Jackson, señalando que no respetaban la esencia de la obra de su padre. En 2009, el Tolkien Estate demandó a New Line, una productora y distribuidora cinematográfica de Estados Unidos, por no pagar a los herederos los derechos cinematográficos correspondientes. El acuerdo entre ambas sociedades hizo posible el rodaje de *El Hobbit*.

Christopher descifró y editó miles de páginas manuscritas que dejó su padre y que no llegaron a publicarse en vida:

- En 1975 editó la traducción en inglés moderno preparada por su padre de *Sir Gawain y el Caballero Verde, Perla* y *Sir Orfeo.*

- En 1977, en colaboración con Guy Gavriel, publicó *El Silmarillion.*

- En 1980 publicó *Cuentos perdidos.*

- En 1981, y en colaboración con Humphrey Carpenter, biógrafo de su padre, publicó las *Cartas de J. R. R. Tolkien.*

- Entre 1983 y 1996 aparecieron los doce volúmenes de la *Historia de la Tierra Media,* que analiza la génesis de toda la obra de Tolkien a través de las primeras versiones de sus textos, ensayos y poemas. Cada texto iba acompañado de varios comentarios.

- En 2007 publicó *Los hijos de Húrin,* un texto cuya primera versión se remonta a 1918, pero que fue redactado principalmente entre 1951 y 1956. Existen otras versiones incluidas en *El Silmarillion, Cuentos inconclusos* y la *Historia de la Tierra Media.*

- En 2009 publicó *La leyenda de Sigurd y Gudrún,* inspirada en la *Saga Völsunga.*

- En 2013 publicó *La caída de Arturo,* que retoma los últimos episodios de la leyenda artúrica.

- En 2017 y 2018 salieron a la luz *Beren y Lúthien* y *La caída de Gondolin,* dos historias centrales del *legendarium* de J. R. R. Tolkien.

Christopher falleció el 16 de enero de 2020 en Draguignan. Desde 1975 vivía en el sur de Francia con su esposa Baillie Tolkien –que editó las *Cartas de Papá Noel*–, y sus dos hijos, Adam y Rachel. Tuvo un hijo de su primer matrimonio, Simon Tolkien, que también es novelista.

¿J. R. R. Tolkien, padre de la fantasía épica?

La fantasía épica es un género literario y un movimiento artístico a caballo entre lo maravilloso y lo fantástico, que se inspira en la historia, los mitos y los cuentos. Las novelas de fantasía épica se desarrollan en un mundo donde el uso de la magia es habitual y donde habitan criaturas imaginarias (elfos, hadas, duendes, dragones...).

Las fuentes de la fantasía épica son las obras literarias de la antigüedad (la mitología grecorromana, las sagas nórdicas...); los cantares de gesta de la Edad Media, la leyenda artúrica, las novelas de caballería, la epopeya anglosajona *Beowulf;* los textos sagrados (la Biblia, el Corán, las vidas de santos) y los cuentos populares que, a partir del siglo XVIII, recopilaron los hermanos Grimm, Perrault, Andersen, etc.

Las primeras novelas de fantasía épica surgieron en Inglaterra a finales del siglo XIX y principios del XX. Muchas de ellas las leyó Tolkien, como *La princesa y el duende* (1872), de George MacDonald, o las novelas de William Morris. A partir de 1890, las revistas *pulp* de Estados Unidos empezaron a publicar novelas y relatos cortos de todos los géneros de la literatura fantástica. Algunas se especializaron en la fantasía épica, como la revista *Weird Tales* (activa entre 1923 y 1954), donde se publicaron los relatos de Lovecraft, y *Conan el bárbaro,* de Robert E. Howard (que oscilaban entre el terror, el fantástico y el llamado «género de espada y hechicería»).

Antes de los años 50, la fantasía épica, un fenómeno casi exclusivamente anglosajón, era un género popular pero considerado menor. J. R. R. Tolkien no inventó la fantasía épica, pero la ennobleció al lograr un éxito tanto popular como de crítica. *El Señor de los Anillos* se convirtió en el arquetipo de novela fantástica medieval. La novela se popularizó en Estados Unidos a partir de 1965, cuando salió a la venta una edición pirata. El género se desarrolló más lentamente en otros países. En España, *El Señor de los Anillos* no se tradujo hasta 1972.

Gracias a su profundo conocimiento de las mitologías antiguas, de los cuentos de hadas tradicionales y de las leyendas medievales, Tolkien refundó la fantasía épica y fue mucho más lejos que sus predecesores (y sucesores) en la creación de su mundo imaginario: le dio una geografía, una cosmogonía, una mitología, una historia y, sobre todo, varias lenguas a partir de las cuales forjó sus propios nombres. Creó a algunos personajes de la nada (como los hobbits y los orcos) y reinventó otros, como los elfos y los enanos. En resumen, creó un universo lo bastante rico como para que otros lectores y artistas pudieran a su vez soñar y crear.

J. R. R. Tolkien, el inspirador

- **El cine:** ya en los años 60, Tolkien vendió los derechos de adaptación al cine de *El Hobbit* y *El Señor de los Anillos,* aunque los primeros intentos, en forma de dibujos animados, de Arthur Rankin y Jules Bass (1977 y 1980), o de Ralph Bakshi (1978), fueron más bien decepcionantes. Hubo que esperar a 2001-2003 y a la trilogía del neozelandés Peter Jackson (cuyo trabajo fue oscarizado en varias ocasiones) para satisfacer a los fans de Tolkien y dar a conocer sus novelas a un público nuevo. Entre 2012 y 2014, Peter Jackson dirigió una nueva trilogía inspirada en *El Hobbit.* En septiembre de 2022 empezó a emitirse una serie de televisión, *El Señor de los Anillos: Los Anillos del Poder,* inspirada en el *legendarium* de Tolkien, pero cuyo argumento se sitúa antes de la época de *El Señor de los Anillos.*

- Durante su vida, las obras de Tolkien fueron llevadas a **la radio,** en concreto a la BBC, en 1955-56, 1960, y después de su muerte, en 1979 y 1981. Tolkien no siempre quedó satisfecho con el resultado.

- **Los ilustradores:** Tolkien fue el primero en ilustrar sus cuentos y su mitología. Sus dibujos aparecieron en sus libros y sirvieron de modelo a los maestros tapiceros de Aubusson, que realizaron catorce tapices basados en sus ilustraciones originales. Hubo otros artistas que ilustraron sus obras en ediciones póstumas, reimpresiones, traducciones en países extranjeros (la edición danesa de *El Señor de los Anillos* la ilustró la mismísima reina de Dinamarca, Margarita II), o incluso «calendarios Tolkien» (ilustrados por Greg y Tim Hildebrandt entre 1976 y 1978, el inglés Alan Lee o los canadienses John Howe y Ted Nasmith): estos tres últimos dedicaron la mayor parte de su producción a la Tierra Media. John Howe y Alan Lee fueron asistentes de producción de *El Señor de los Anillos* de Peter Jackson y, diez años después, de *El Hobbit*. Estos ilustradores inspiraron a nuevos artistas y dieron a conocer la obra de Tolkien a un público más amplio.

- Los **juegos sobre** *El Señor de los Anillos* **y los mundos de Tolkien:** muchos juegos de cartas, de mesa, de rol (como *Dragones y mazmorras)* y videojuegos se inspiran en gran medida en las obras de Tolkien y han tenido un éxito constante. A partir del año 2000, las ilustraciones se basan principalmente en las películas de Peter Jackson.

- *Merchandising:* vinculado al *marketing* de las películas de Peter Jackson, incluye una amplia gama de estatuillas y productos derivados (incluidos personajes de Lego).

- **Páginas de internet:** vinculadas o no a «sociedades Tolkien», obra de aficionados o especialistas, muchas páginas de internet promocionan la obra de Tolkien. En ellas se puede encontrar abundante información sobre la vida de Tolkien y sus novelas. Entre ellas podemos citar:

- The Tolkien Estate: página oficial de la empresa creada por los herederos de Tolkien.

- La Sociedad Tolkien española: asociación cultural cuyo objetivo es la promoción, la difusión y el estudio de la obra de J. R. R. Tolkien.

- Los Archivos de Minas Tirith: incluye mapas, genealogías, una enciclopedia, etc. Está consagrada sobre todo a *El Señor de los Anillos* y *El Hobbit.*

- Los Anales de Arda: página web con guías de nombres y lugares, artículos, chat y un foro para hablar con otros aficionados a su obra.

A excepción de los manuscritos originales de *El Hobbit, El Señor de los Anillos, Egidio, el granjero de Ham* y *El señor Bliss,* vendidos a la Universidad católica Marquette de Milwaukee (Wisconsin), el archivo Tolkien se conserva en la Biblioteca Bodleiana de Oxford. Incluye quinientas cajas de manuscritos y trescientos libros procedentes de la biblioteca personal del autor, y se divide en cuatro categorías: archivos universitarios, archivos literarios, archivos personales e ilustraciones.

Índice

I
LA JUVENTUD

II
LA GUERRA

III

EL PROFESOR

IV

EL ESCRITOR